상처 입은

내면아이 인형치료

한국인형치료연구회

상처입은
내면아이 인형치료

지은이_최광현 / 펴낸이_최재일 / 펴낸곳_한국인형치료연구회
초판발행 / 2019년 6월 16일
주소 / 경기도 군포시 번영로 557번길 18
전화 / 031)457-2960 팩스 / 031)427-2961
홈페이지 / www.figuretherapy.org
도서번호 / ISBN 979-11-958279-3-0
값은 책 뒷면에 있습니다. / 잘못 만들어진 책은 바꾸어 드립니다.

지은이_최광현
독일 Bonn 대학교 가족상담전공박사, 한세대학교 심리상담대학원 교수, 한국트라우마가족치료연구소장,(사)한국인형치료학회 감독
저서 :가족의 두 얼굴(부키), 가족의 발견(부키), 인형치료(학지사), 가족세우기 치료(학지사), 나는 내 편이라고 생각했는데(부키)
부부.가족인형치료(한국인형치료연구회), 인형진단과평가(한국인형치료연구회).

상처 입은

내면아이 인형치료

최광현

한국인형치료연구회

프롤로그

내면아이의 상처는 손등에 난 상처와 같다. 제대로 치료하지 않고 아무렇지 않은 듯 손등에 반창고를 붙이고 살아간다. 하지만 상처부위는 생각보다 깊어 빨갛게 부으면서 쉽게 낫지 않는다. 반창고를 붙여 그 아래 피부에서 무슨 일이 일어나는 줄 모르고 살아간다. 하지만 갈수록 통증은 오고 급기야 염증까지 생기게 되어 상처는 더욱 덧나게 된다.

우리는 상처를 보고 싶어 하지 않는다. 그것이 손등에 난 상처이든 마음에 난 상처이든 마찬가지이다. 반창고는 내면아이의 상처를 숨겨주는 감정마비 또는 거짓자아이다. 감정마비를 통해 내면에서 올라오는 감정들을 억누르고 아무것도 느끼지 않으려고 한다. 거짓자아를 통해 자기의 진짜 감정과 생각 등을 감추고 살아간다. 그러면 일상은 '척'하는 삶으로 변하게 된다. 마음에 안 들어도, 좋은 척, 다른 의견이 있어도 동의하는 척, 기분이 상했어도, 아닌 척 하며 살아가게 된다. 그러다 보면 내가 누구인지, 내가 무엇을 원하는지, 내 안에 어떤 감정이 있는지 모르고 살아간다. 언제나 마음의 중심은 타인에게 향하여 있기에 늘 긴장되고 불안하다. 어느 순간 사는 것이 지루해지고, 피곤해진다. 모든 것을 내려놓고 멀리 떠나거나 여행가는 상상을 하며 현실의 고통으로부터 벗어나려고 한다. 이것은 상처 입은 마음에 대처하기 위해 거짓자아라는 반창고를 너무 오래 붙여온 것이다. 이제 낡은 반창고를 벗겨내고 그 밑을 들여다 볼 수 있는 용기와 힘이 필요하다.

상처 입은 내면아이가 있는 사람들에게 상처를 숨겨오던 방어막을 벗겨내고 직면하기까지 긴 여정이 필요하다. 이러한 치료과정에 매체 상담인 인형의 사용이 요구된다. 최근 심리학의 대중화 속에서 북미와 유럽을 중심으로 각광을 받고 있는 내면아이치료를 위한 가능성으로 인형치료를 제시한다. 내면아이의 이론적 배경인 정신분석, 분석심리학, 교류분석을 서술하고, '상처 입은 내면아이'의 개념을 정리한 브래드쇼의 견해를 따라 가족치료이론과 연결을 시킬 것이다. 이러한 이론적 전제 속에서 상처 입은 내면아이를 위한 치료적 가능성으로 인형치료를 소개할 것이다. 상처 입은 내면아이를 위한 인형치료는 어린 시절 어떤 자원도 없었던 내담자에게 놀라운 치료의 경험을 선물한다. 이 치료모델은 자기를 스스로 위로하고 자신에 대한 관점의 변화이다. 상처 입은 내면아이를 위한 인형치료의 핵심은 자기의 상처의 원인을 탐색하고 원인을 살펴보는 것이 아닌 자기를 존중하고 자기를 용서하게 하는 것이다.

본 서에서 제시하는 상처 입은 내면아이를 위한 인형치료의 치료적 가능성과 치료모델이 어린 시절의 상처를 갖고 자신도 모르게 상처의 고통을 반복하는 악순환에 놓인 사람들에게 의미 있는 도구가 되길 바란다.

2019년 6월 7일
최광현

- 목　　차 -

1. 내면아이의 이론적 배경

2. 상처 입은 내면아이의 기본개념

3. 상처 입은 내면아이를 위한 인형치료

4. 상처 입은 내면아이 인형치료 모델

5. 상처 입은 내면아이 인형치료 사례

1 내면아이의 이론적 배경

"당신이 가장 두려워하는 것을 찾아라.
진정한 성장은 그 순간부터 시작된다."

-칼 융-

1. 내면아이의 이론적 배경

프로이트는 상처를 가진 사람의 내면에 아이가 있다는 말을 통해 어린 시절의 상처가 갖는 영향력을 설명하면서 내면아이치료를 위한 문을 열어놓았다. 물론 '내면에 있는 아이'는 프로이트가 만들어낸 은유(Metaphor)이다. 어린 시절의 경험은 단지 지나간 과거의 것만이 아닌 현재 안에 어떤 식으로 우리에게 영향을 미친다. 과거의 경험이 현재 안에만 영향을 미치는 것이 아닌 미래에 까지 지속적인 영향을 준다. 따라서 프로이트로부터 시작된 심리치료의 핵심은 과거 상처의 경험을 현재와 미래 안에서 분리시키는 것이다.

현재와 미래를 과거의 불행했던 경험의 반복으로 여기고 불안해하고 우울해 하는 사람들에게 프로이트가 제안하는 처방은 '지금, 여기에서'이다. 삶이 정상적인 흐름으로 이어지기 위해서 바로 이 순간 현재에 초점을 맞추어 살 것을 권한다. 과거와 미래 속에 살려고 하는 것은 현재에 충실하려는 것을 피하려는 행위일 수 있다. 심리학의 전통은 우리에게 과거와 미래에 얽매이지 않고 "카르페 디엠 carpe diem", "현재를 살라"라고 제안한다. 로마시대 시인 호라츠가 문학에서 최초로 사용한 이 말은 과거와 미래에 너무 많은 삶의 무게를 두지 말고 살라는 뜻이다. 우리들은 과거, 현재. 미래라고 하는 시간의 지평선 속에서 살아간다. 과거의 시간은 흘러간 시간으로 더 이상 아무런 영향을 미치지 못하는 시간이 아니다. 불행했던 어린 시절을 보낸 사람들은 지나간 과거를 통해 현재와 미래를 바라보려고 한다. 과거의 불행했던 시간을 다시 반복하고 싶지 않은 열망 속에서 자신도 모르게 현재에 충실하지 못하고 과거의 불행을 반복한다. 현재를 무시하고 오직 과거의 시간 속에서 살면서 일상의 소소함이 주는 기쁨과 행복을 잃어버린다. 프로이트가 말한 '내면의 아이'를 돌보고 회복하기 위해서 필요한 것은 "카르페 디엠"이다. 내면아이 인형치료 모델은 과거의 상처로 고통 받는 사람들에게 카르페 디엠을 돕는 치료적 도구이다. 앞으로 설명될 내용을 요약하면 다음과 같다.

1) 정신분석과 내면아이: 반복강박

정신분석의 전형적인 치료 장면은 소파에 누워 이야기하는 내담자와 이를 경청하는 분석가이다. 분석가는 내담자의 이야기를 경청하고 기록하고 숙고한다.

내담자가 무엇을 어떻게 말하는가? 내담자는 무엇을 원하고 무엇을 소망하는가? 무엇을 두려워하는가? 무엇을 어떻게 합리화하는가? 자기 자신을 어떻게 평가하는가? 자신의 감정을 어떻게 다루는가? 무엇에 대해 말하는 것을 좋아하고, 어떤 주제를 터부시하는가? 누구를 좋아하고 누구를 싫어하는가? 가족과 사회 안에서 자기의 역할을 어떻게 이해하는가? 내담자의 자아상과 자존감은 어떤 모습인가? 어떤 신화를 갖고 있는가? 내담자의 현실에 어떤 부분에 초점을 맞추고 있는가? 현실을 어떻게 받아들이고 해석하고 있는가? 내담자가 애써 외면하고 있는 것은 무엇인가(Sedlacek & Tanzer, 2015)?

프로이트의 정신분석은 무의식 심리학의 기초를 세운 것으로 인간 본성에 대한 일종의 혁명과도 같은 결과를 가져다주었다. 무의식을 제일 먼저 경험을 통해 발견한 사람이 프로이트이다. 그는 꿈이 우연의 산물이 아니라 무의식이 드러난 것임을 알았다. 우리 정신생활의 극히 작은 일부분인 의식은 마치 빙산의 수면 위에 떠 있어 보이는 빙산의 일각에 해당된다. 무의식은 빙산의 본체인 수면 밑에 숨겨진 부분으로 우리 정신생활의 근원적 몸통에 해당된다. 수면 밑으로 숨겨져 있기에 쉽게 접근하기가 어렵다. 무의식에 도달할 수 있는 것은 무의식의 언어인 상징체계를 통해서이다. 프로이트는 꿈을 무의식으로 가는 왕도라고 표현하였다. 무의식의 언어인 상징체계에는 꿈과 더불어 실언이나 실수 등과 같은 갑자기 튀어나오는 의도하지 않은 행동 등이 포함된다.

정신분석은 억압된 것은 결국 폭발한다고 말한다. 그러나 억압된 것은 완전히 독립된 힘이나 논리 또는 생존본능처럼 계속 무의식에 숨어서 의식으로 나오기를 거부한다. 무의식에 계속해서 억압된 채 있기 위해서는 그만큼 강한 힘이 필요로 하고 여기에 많은 에너지가 요구된다. 프로이트는 그의 선배 의사인 브로이어(Breuer)의 환자인 안나 O양의 사례를 통해 히스테리가 상징적 의미를 갖는다는 것을 관찰하게 되었다. 신경증 증상(히스테리, 모종의 통증, 비정상적인 행동)은 무의식과 관련을 갖는 것으로써 무의식이 꿈속에서 스스로를 드러내듯이 스스로를 드러낸 것으로 이해하였다. 신경증은 어떤 트라우마에 의해 발생한 것으로 환자 자신은 그것에 대한 기억을 망각하고 있는 것이다. 환자의 고통스러운 격렬한 정서적 경험은 무의식으로 밀려나있는 것으로, 치료는 이 경험에 대한 기억을 다시 생각나게 함으로써 가능하다. 트라우마적 경험은 고통스러운 감정을 수반하고 있기에, 이것에 대한 기억과 감정을 배출하게하면 치료가 될 수 있다. 이러한 카타르시스적 의미에서 정신분석은 소위 '굴뚝청소(Kaminfagen)'라고 불러질 수 있다.

프로이트는 무의식의 과정을 설명하기 위해 저항, 억압, 전이의 개념을 도입 한다. 이 세 가지 개념은 정신분석의 핵심적 주제인 '반복강박'을 설명해주는 이론적 배경이 된다.

(1) 무의식의 과정

❶ 저항

정신분석은 무의식을 의식화시키는 작업이다. 정신분석의 해석은 내담자에게 스스로 의식하지 못하는 부분을 드러나게 해주며 그의 감정을 다루어 자기를 알게 해주는 작업이다. 해석은 내담자가 그 동안 몰랐던 것을 의식화시키고, 그를 무의식의 무지 속에서 벗어나게 하는 작업이다. 해석 작업은 크게 두 가지로 나누어 질 수 있다. 첫째는 인지적인 작업으로 내담자가 모르던 것을 알게 하는 것이다. 둘째는 정서적인 작업으로 알게 되는 것에 대한 마음 속 두려움을 의식하게 한다. 이러한 해석 작업에서 내담자는 저항을 한다. 해석과정에서 내담자가 일으키는 저항을 칼 융(C. G. Jung, 1996)은 미지의 것을 두려워하는 낡은 '쇄신 공포증(misoneism)'으로 해석할 수 있다고 하였다. 많은 사람들이 마음속에 미지의 영역이 존재한다는 것에 대해 저항을 해왔다. 따라서 내담자의 저항은 두려움을 의미한다. 무의식을 의식화시키는 과정 속에서 알게 되는 것에 대한 두려움, 새로운 것에 대한 두려움, 자신이 알게 된 걸 감당하지 못할 것에 대한 막연한 두려움이 저항이다. 따라서 문제를 해결하기 위해서 상담실을 찾아오지만 두려움으로 인해 고통을 계속해서 붙잡고 전혀 변하려하지 않는 모습이 발생하곤 한다. 프로이트(2010)는 저항을 통해서 우리에게 확인되는 것이 바로 억압(Verdraengung)이라고 말한다.

❷ 억압

억압은 우리가 내적 갈등을 피하려고 할 때 사용하는 가장 기본적인 방어기제이다. 프로이트는 트라우마를 비롯한 정신적 갈등을 겪으면 이것은 억압되어 우리의 의식 밖으로 밀려나 무의식 깊은 곳에 머물게 된다.

억압은 현실을 회피하는 것이기에 결국에는 더 이상 억압할 수 없는 지경에 이르게 된다. 내적 갈등은 억압한다고 사라지지 않고 대신 신경증 증상이라는 형태로 일종의 위장된 대체물을 만들어 낸다. 프로이트는 증상이 일종의 합의의 산물이라고 여겼다. 증상은 더 이상 억압할 수 없는 상태에서 만들어진 것으로 현실을 외면하려는 방어기제가 만들어 낸 것이다. 우리는 어떤 내적 갈등을 억압함으로써 그것을 효과적으로 다룰 수 있는 기회를 잃어버리게 된다. 더군다나 그로 인해 발생하는 증상에 고통을 받으면서도 억압을 해체하려 않는다. 프로이트는 억압으로 인해 발생한 증상을 해결하기 위해서는 억압이 시작된 어린 시절로 돌아가서 그곳에서 만족을 얻을 수 있는 단계로 되돌려 놓는 것이라고 하였다(Stevenson & Haberman, 2006).

억압은 항상 무의식적이고 병리적일 수 있다. 과거 고통스러운 경험을 잊어버리고 회피하려고 하는 무의식적 의지인 셈이다. 고통스러운 과거를 거부하려는 이 같은 태도는 병리의 근원이 된다. 과거 고통스러운 기억을 잊으려는 이러한 무의식적 태도는 상처입은 내면아이를 만들어지게 한다. 과거가 부인 되고 다시 기억되는 모든 길이 막혀있을 때 병리적 일 수밖에 없듯, 이 억압된 과거의 고통스러운 기억은 더 이상 억압되지 못하고 무의식 밖으로 격렬하게 분출될 수 있다. 이것이 상처 입은 내면아이의 존재가 드러나는 순간이다.

무의식은 지금의 내 모습을 만들어온 삶의 중요한 사건들로 이루어진 과거전체라고 할 수 있다. 또한 여기에는 나의 개인적 경험만이 아닌 수천세대를 통해 이어오는 인류전체의 경험이 담겨 있다. 어린 시절 트라우마를 가진 사람의 과거의 기억은 단순히 잊히고 흘러가는 기억이 아니며 다시 기억을 불러내기도 쉽지 않다. 이 과거는 트라우마적이고, 따라서 억압이 발생하고, 그에 대해 전혀 떠오르기를 원치 않는 과거가 된다. 이러한 과거는 현재의 삶을 훼손하고 내면의 균형을 잃어버리게 하여 상처 입은 내면아이를 발생시킨다.

나지오(Nasio, 2018)는 억압을 4가지 차원, 즉 유년기 트라우마 경험, 트라우마 감정, 기괴한 도착적 감정, 도착환상 등으로 설명한다.

억압의 첫 번째는 트라우마적 사건에서 발생한다. 프로이트는 결정적인 억압이 유년시절의 트라우마적 경험에서 발생한다고 보았다. 아동기나 사춘기시절 발생한 트라우마는 당사자에게 격렬한 경험으로 도저히 소화시킬 수 없는 상처이다. 트라우마를 경험한 사람은 어떤 반응도 할 수 없고 도망칠 수도 없고 어떤 말로도 자기 안에 밀려온 감정을 표현 할 수 없는 상태가 된다.

억압의 두 번째는 트라우마 감정 그 자체가 억압을 발생시킨다. 아동이 트라우마 사건을 경험하는 순간에 올라온 감정이다. 예를 들어 공포증은 유기와 버림받음의 트라우마 사건을 겪었던 사람에게서 볼 수 있는 감정으로 "보호적인 안전한 사랑을 갑자기 빼앗기는 고통"의 감정이다. 강박증의 경우는 트라우마적 사건이 학대와 모멸이기 때문에 내면에 갖는 감정은 "신체적 위해를 당하거나 자존심이 상하는 고통"이다.

억압의 세 번째는 트라우마적 사건과 감정 그리고 '욕망'에서 발생한다. 나지오(2018)는 이 욕망을 '타자의 몸'이라고 표현한다. 그것은 사랑하거나 증오하는 타자의 몸으로, 다시 말해서 이 욕망은 애착을 향한 욕구이다. 사랑하는 대상인 어머니와 애착관계를 형성해서 정서적, 신체적, 정신적으로 안전하다는 만족감을 얻으려는 욕구이다. 건강한 욕망이란 엄마-아기 관계를 포함해서 모든 사랑관계 안에 내재된 애착적 열망을 의미한다.

트라우마에 노출된 아이는 애착 요구가 고조되게 되며 애착 대상과 건강한 애착관계를 형성하는 것을 넘어서 상대를 완전히 지배하고 통제하려고 한다. 즉 상대를 완전히 무력화시키고 싶은 욕망에 시달린다. 트라우마를 경험한 아동은 또 다른 트라우마적 경험으로부터 자신을 보호하려고 한다. 따라서 트라우마를 경험한 아동은 그 욕구가 건강한 애착 욕구를 넘어 기괴하게 삐뚤어진 욕망이 되고 만다. 그렇게 되면 과거의 피해자가 가해자가 된다. 자신을 방어하기 위해 자기가 당한 것을 남들에게 가하게 된다. 나지오(2018)는 트라우마의 경험으로 아동이 당시 초자아가 심하게 손상당하거나 심지어 파괴되어 도덕의식이 약화된 결과라고 말한다. 트라우마를 겪은 아동에게서 나타나는 방어적인 욕망은 기괴하기 때문에 반드시 억압되어야 할 내적 갈등이 되고 이것은 종종 신경증 환자들에게 나타나는 '도착적인 억압된 욕망'으로 나타난다.

억압의 네 번째는 트라우마적 사건, 경험, 욕망과 더불어 환상도 포함된다. 정신분석에 의하면 환상은 일종의 방어기제 중 하나이다. 환상은 고통을 잠시 잊게 해주거나 원하는 것을 상상적으로 만족시켜준다. 트라우마를 경험한 아동과 청소년은 대상이 자기에게 다시 트라우마를 줄 수 없게 만들기 위해 상대를 통제하는 도착적인 욕망을 환상을 통해 나타낸다. 예를 들어 강박증을 가진 내담자는 애착의 대상이 자기에게 고통을 주지 못하도록 대상을 완전히 결박시키는 노예화 환상이 존재한다. 나지오(2018)는 환상은 아동기 이래로 내담자의 인격을 지배해온 어떤 음침한 허구적 실체라고 말한다. 이러한 무의식적인 환상 속에서 내담자는 트라우마 사건의 가해자와 피해자의 역할을 동시에 번갈아 가면서 수행한다. 이러한 환상에는 트라우마의 가해자와 관련된 전능환상과 피해자의 무기력환상 등이 있다.

❸ 전이: 퇴행

정신분석의 치료 작업에서 상담자와의 관계에서 내담자가 느끼는 일정한 심리적 현상으로 자신의 내면을 탐색하기보다 상담자와의 관계 안에서 자기의 욕동을 충족하려는 것이다. 프로이트(2010)는 전이를 "환자의 본능에 근거한 소망이나 충동 현하려는 것"이라고 하였다.

전이(transference)란 내담자가 어린 시절 자기의 주변에 있던 중요한 사람들에게 가졌던 경험을 지금의 상담자에게 옮겨 놓고 상담자를 마치 과거의 그 사람인 것으로 경험하게 되는 현상을 말한다. 전이는 내담자가 상담자를 신뢰하게 되면 과거의 한 특정 인물에게서 해소되지 못한 문제를 상담자에게 투사하게 되면서 나타난다. 내담자가 상담자에게 전이를 나타낼 때 상담자는 내담자가 지금 잘못된 인식을 하고 있다는 것을 알게 해주면 내담자는 자신의 고통스러웠던 과거와 직면하게 됨으로써 치료가 일어나게 된다. 따라서 프로이트는 정신분석 작업에서 전이와 저항을 치료의 출발점으로 삼았으며, 전이와 저항에 대한 초점을 갖고 있는 치료를 정신분석이라고 부를 수 있다고 할 정도로 이 부분에 강조점을 두었다. 그것은 저항과 전이를 분석함으로써 무의식의 비밀스러운 부분이 드러나게 되기 때문이라는 것이다. 전이를 탐색하면 내담자의 무의식의 억압된 기억과 감정들 그리고 억압하는 사고와 감정들을 파악할 수 있다.

전이 현상은 단지 치료 공간 안에서 치료자와 내담자의 관계에서만이 나타나는 것이 아니다. 과거의 상처는 훗날 상담자만이 아닌 다른 사람에게 투사된다. 전이에 해당되는 또 다른 일반적인 형태가 투사이다. 전이를 하는 사람은 전이의 대상에게 자신의 감정을 투사한다. 전이를 하는 사람은 자신의 과거의 트라우마적 경험 속에서 만들어진 감정과 마주하는 대신에 그 감정을 자신과 분리하여 다른 대상에게 투사한다. 분리개별화 이전의 유아가 어머니의 감정과 자신의 감정을 쉽게 구별하지 못하는 것처럼 전이과정 속에서 자신이 느끼는 그 감정과 타인의 감정을 구별하지 못하고 상대방도 경험하고 있다고 오해한다. 투사된 감정이 격렬한 분노와 같은 부정적인 감정인 경우 전이와 투사의 결과는 몹시 파괴적이다. 상처 입은 내면아이의 격렬한 감정적 과정이 전이와 투사의 메커니즘을 통해서 쉽게 설명될 수 있다. 초기 아동기의 태도와 감정으로 퇴행인 전이는 상처 입은 내면아이에게서 볼 수 있는 퇴행적 행동과 연결성을 갖는다. 억압되었던 과거의 기억이 전이를 통해 드러나게 되면 과거의 경험이나 감정을 현재 상황 속에서 더욱 재 경험하게 된다. 전이의 감정에 사로잡힌 사람은 무의식적으로 과거의 사건과 유사한 각본이 재연된다. 즉 상처 입은 내면아이가 건드려져서 무의식에서 의식 밖으로 격렬하게 폭발하게 된다. 프로이트는 전이과정의 핵심이 반복성임을 발견하였다. 전이과정을 통해 과거의 트라우마적 사건과 감정이 현재 속으로 다시 쳐들어오게 되고, 그러면 과거에 무기력하고 속수무책으로 아무것도 할 수 없던 당시 어린 아이였던 자신의 모습으로 돌아가게 된다.

(2) 반복강박 : 내면아이의 메커니즘

무의식은 우리의 일상 속에서 대단히 광범위하게 작용을 한다. 꿈에서만 무의식을 체험할 수 있는 것이 아니다. 우리가 인생에서 가장 중요한 결정을 하는 순간 여기에 무의식이 큰 역할을 한다. 배우자를 선택하거나 직업을 선택하고, 거주할 지역과 집을 선택하는 모든 순간 무의식은 강력하게 작동을 한다. 어느 순간 “이 모든 것이 우연의 일치인 것 같다”고 말하지만 우연이 아닌 무의식이 내린 결정이다. 그러다보면 우리의 경험과 선택으로 이루어진 우리의 삶이 우리의 의지가 아닌 무의식의 힘에 의해서 지배된다고까지 말 할 수 있게 된다. 무의식에는 일정한 규칙이 존재한다. 그것은 반복의 힘이다. 무의식은 최초의 경험을 반복하려는 성향을 갖는다. 무의식은 그것이 기능적이든 아니면 역기능적인 것이든 상관하지 않고 반복하려고 한다. 역기능적인 것을 반복하려고 한다면 이것은 강박적이고 병리적인 반복이며 타나토스적인 힘이 지배한다고 말할 수 있다.

정신분석의 이론들 중에서 내면아이개념과 직접적으로 연결되는 것이 '반복강박'이다. 상처 입은 내면아이의 개념은 과거의 반복성을 은유적으로 표현한 것이기 때문이다.

무의식의 심리학인 정신분석에서 과거와 현재가 서로 강하게 얽혀 있다는 생각은 핵심적 주제이다. 프로이트는 아무리 하찮은 경험이라도 반드시 내면에 어떤 흔적을 남기게 마련이며 이 흔적으로 인해 평생에 걸쳐 정신적인 반복과 수정이 계속된다고 말한다. 과거의 흔적은 모든 인간에게는 어떤 식으로 영향을 미치게 되는데 그 중에서 대표적인 영향이 반복성이다. 프로이트는 과거를 반복하려는 무의식적인 본능이 있다고 보고, 이것을 '반복 강박(repetition compulsion)'이라고 불렀다. 이것은 정신분석에서 가장 핵심적인 개념이 된다. 반복강박은 어떤 장점을 얻지 못하더라도 과거의 경험과 상황을 반복하려는 맹목적 충동으로, 쾌락-고통의 메커니즘에서 나온 것으로 보인다. 어린 시절에 많은 스트레스와 불안과 불행을 느꼈던 사람은 현재 생활에서도 이런 감정들을 다시 느낄 가능성이 높다. 나도 모르게 계속 껴안고 있는 스트레스, 불안, 불행은 지속적으로 반복된다.

불편하고 힘든 모든 경험이 트라우마가 되지는 않는다. 트라우마가 되지 않은 과거의 경험은 정상적이고 비 강박적으로 반복된다. 반면에 트라우마가 된 과거의 경험은 타나토스적인 힘에 이끌려 병리적이고 강박적인 반복이 된다.

프로이트는 과거가 현재와 밀접한 상호작용을 한다고 보았다. 과거의 모든 경험은 아무리 오래전에 일어난 것일지라도 현재와 끊임없이 상호작용을 한다는 것으로 보았다. 과거는 현재를 갉아먹고 있지만 과거의 지속성을 인정하고 과거를 현재 속에서 통합하면 과거의 기억들은 현재에 더 이상 고통을 주지 못한다. 무용수가 아름답게 몸을 움직일 수 있는 것은 그가 과거에 했던 수많은 동작 경험들을 기억하고 있으며, 이것들을 잘 통합하고 있기 때문인 것이다. 우리도 현재 속에서 과거의 경험들을 잘 편집하고 통합하게 되면 현재와 미래를 건강하게 대처할 수 있는 존재가 될 수 있다고 말한다. 이렇게 프로이트는 과거는 파괴적인 결과를 줄 수 있지만 현재 속에서 과거를 잘 편집하고 통합하게 되면 건강한 삶이 가능하다고 본다. 과거의 시간은 현재의 불행과 갈등의 원인이 있는 곳이며 동시에 지금의 나를 비쳐보게 하는 거울이다.

정신분석에서 과거는 절대로 흘러간 것이 아니며 그것의 흔적도 지울 수 없으며 현재의 삶에 지속적으로 영향을 미친다고 보았다. 프로이트는 현재에 영향을 미치는 과거의 영향을 다섯 가지로 정리한다. 먼저 인간의 모든 경험은 무의식에 그 흔적을 남기며, 어린 시절 그 중에서도 유아기가 가장 중요하다는 것이며, 그 중에서도 가장 핵심적인 경험이 성적인 것이라는 것, 과거의 기억들은 그냥 잊혀져 사라지는 것이 아닌 억압된다는 것, 모든 마음의 병과 꿈은 모두 유아기에서 그 원인을 찾을 수 있다는 것이다. 따라서 프로이트는 마치 고고학자처럼 한층 한층 내면을 파헤쳐 들어가면서 지나간 과거에 만들어진 억압된 기억의 흔적들을 찾아 내려갔다.

나지오(2015)는 라캉의 '주이상스' 개념을 통해 트라우마를 경험한 아이가 어떻게 반복강박에 지배되는지를 설명한다. 주이상스는 트라우마를 겪은 아이가 갖는 강렬하고 폭력적이고 모순적인 감정덩어리를 의미한다. 아이는 모순적인 감정을 느끼기는 하지만 미성숙하고 공포 때문에 의식화시키지 못하고 있다. 주이상스는 트라우마의 경험으로 발생한 모순된 감정을 의식으로 전환시키지 못하고 혼란스럽게 자아에 편입되지 못하고 있는 감정의 혼합체이다.

아이는 주이상스를 자신의 몸에서 느끼지만 그것이 무엇인지를 지각하지 못하니 커다란 혼란에 빠지게 된다. 즉 자기가 느끼고 있는 감정과 감각을 알아보지도 표현도 못하게 된다. 이런 주이상스를 갖은 아이는 자신이 겪은 모순적 감정을 상징화를 통해 의식에 편입하지 못하기 때문에 주이상스는 강박적 성격을 갖게 된다고 한다. 상징화는 주이상스의 혼란스러운 감정들을 일상의 감정들로 통합시키어 주이상스를 완화시키는 효과를 갖는데, 상징화의 결여는 강박적으로 반복하도록 만든다. 나지오(2015)는 트라우마가 또 다른 트라우마를 불러오듯이, 주이상스가 또 다른 주이상스를 불러오게 됨으로써 끝없이 강박적 반복이 일어나게 된다고 말한다. 아이가 겪은 트라우마의 경험은 혼란스러운 감정상태로 의식화 되지 못하고 격리된 채 극도의 긴장 상태로 머물다가 에너지의 배출구로 작용하는 충동적 발현으로 재 경험되려고 한다. 유년기 겪게 된 트라우마로 만들어진 주이상스는 극도의 긴장이 필요로 하는 배출과정이 일어나지 않으면 한 없이 반복되게 된다. 주이상스의 강박적 반복은 오직 반복을 지속하겠다는 목표만을 가진 자동현상이다. 반복 그 자체가 목적을 갖고 있지는 않지만, 반복이 무의식 자체가 되어 버린다.

정신분석은 우리의 삶이 무의식의 반복적인 리듬에 의해 작동된다고 본다. 즉 무의식은 반복인 셈이다. 과거가 현재 안에서 반복하려는 반복강박은 상처 입은 내면아이의 반복성을 설명하는 이론적 배경이 된다. 상처 입은 내면아이는 어린 시절 겪은 상처는 여전히 그대로 내면에 남아 성인의 삶 속에서 여전히 상처의 고통을 강박적으로 이어가는 것을 설명하는 은유인 것이다.

2) 분석심리학과 내면아이 : 신성한 아이, 콤플렉스

프로이트는 인간의 정신이 '의식' 이외에 '무의식'이라는 것이 존재한다는 것을 발견하였다. 무의식은 단지 꿈에만 등장하는 것이 아닌 의식에 영향을 줄 뿐 아니라 신체와 정신에 직접적인 영향을 미쳐서 증상을 일으킬 수 있다는 것을 알았다.

칼 융은 처음에는 무의식을 발견한 프로이트의 견해를 따르려고 하였다. 무의식이 단순히 의식적으로 억압된 사고나 감정들의 저장소라는 프로이트의 견해에 동조하려고 하였다. 하지만 꿈들의 상이 성적인 것과 연결되어 열쇠는 남근이고 동굴은 자궁이라는 프로이트 해석이 임상현장에서 맞지 않다는 것을 발견한다. 단순히 성적 억압으로만 해석하기에는 꿈들이 매우 복잡하고 복합적이라는 사실을 발견하게 된다. 프로이트의 이론을 전부 받아들일 수 없던 칼 융은 프로이트와 결별하게 된다.

칼 융은 프로이트가 발견한 의식과 무의식의 존재를 좀 더 확대하였다. 무의식은 단지 하나의 영역으로 존재하기보다 개인 무의식과 집단 무의식으로 나누어 질 수 있다고 보았다. 무의식에는 개인의 경험과 가족사, 사회, 문화, 민족사를 비롯해서 인류 전체의 기억이 있다. 칼 융에 의하면 무의식은 광대한 우주인 셈이다. 수 없는 은하계와 헤아릴 수 없이 많은 별들을 갖고 있는 우주와 같은 존재이다. 칼 융은 무의식은 내가 가지고 있으나 내가 아직 모르고 있는 마음의 세계라고 말한다. 우리 인간은 아파트 건물 전체를 갖고 있지만 우리가 알고 있고 사용하는 것은 기껏해야 아파트 전체 건물 중 단지 두 채 정도라고 말한다.

베트남 출신으로 세계적인 천문학자 투안(T. X. Thuan)이 그의 저서『마우나케아의 어떤 밤』에서 우리의 작은 행성 지구에서 일어나는 일은 우주의 조직 전체에 좌우된다고 한다. 우리들 안에서 계획되는 것은 우주의 거대함 속에서 결정된다고 말한다. 천체물리학은 모든 것이 서로 연결되어 있는 상호의존관계라는 사실을 알려주고 있다고 말한다. 그래서 우주에서는 모든 것이 연결되어 있기에 통상적인 공간 개념을 넘어서서 이해해야 한다는 것이다.

심층심리학에서는 무의식을 우주에 자주 비유해왔다. 우주가 서로 긴밀하게 연결되어 있듯이 우리의 무의식과 의식은 전혀 다른 요소가 아닌 상호의존적이다. 칼 융은 무의식이 프로이트가 말한 것처럼 성적 에너지와 억압의 내용물들이 있는 곳만이 아닌 모든 정신활동의 원천이고 창조성을 비롯한 다양한 정신활동을 가능하게 하는 생명의 바다로 보았다.

(1) 개인 무의식과 집단 무의식

개인 무의식은 한 사람이 태어나 살아가면서 경험한 개인적 경험이 무의식에 억압되거나 잊혀져서 생긴 것이다. 집단 무의식은 개인의 경험과는 무관하게 태어날 때부터 이미 인간의 마음 밑바닥에 존재하던 것으로 의식생활의 기본 뿌리가 되는 것이다. 개인 무의식의 내용물은 개인이 평생을 두고 습득하는 반면에 집단무의식은 처음부터 항상 있어 왔던 원형들이다.

칼 융이 집단 무의식을 처음 발견하게 된 것은 스위스의 부르크횔즐리 정신 병원에서였다. 그곳 병원에서 전문의로 일을 하던 융이 정신분열증에 걸린 한 남자를 치료하게 되었다. 1906년 어느 날 그는 태양을 자세히 들여다보면 그것에 매달려 있는 남근을 볼 수 있다고 하면서 남근이 좌우로 흔들릴 때 바람이 불게 된다고 말하였다. 당시 칼 융은 이 환자의 말을 어떻게 해석해야할지 몰랐다. 그 후 4년 뒤 미트라교의 제의에 대한 글을 읽게 되었다. 미트라교는 로마시대 유행했던 종교로 특히 로마 군인들이 많이 믿었다. 미트라교리는 태양을 신격화하고 있으며 태양에서 이어진 긴 관이 좌우로 흔들릴 때마다 바람이 만들어진다고 하였다. 이 환자는 평범한 노동자로 그는 도저히 미트라교의 교리를 접할 수 있는 기회가 없었다. 칼 융은 이 환자가 집단 무의식과 연결되었다고 보았다(R. Robertson, 2012). 당시 태양과 이어진 남근을 설명하던 그 환자는 융을 자기 종교를 믿게끔 전도하려고 하였다. 그런데 미트라교에 의하면 태양의 남근에 관한 내용은 미트라교에 입교하게 하는 신비의식에 포함되는 것이었다. 미트라교는 많은 시험과 단계를 거쳐야하는 까다로운 입교식으로 유명하였다. 칼 융은 이 환자의 환상은 무의식적인 원형 (Archetypen)의 내용과 연결되는 것으로 이해했다. 특히 자신의 종교로 입교시키려는 의지가 이 환상의 자료를 집단 무의식에서 끌어왔던 것으로 보았다.

집단무의식은 수천의 세대를 통해서 전달된 것으로 인류가 전달해온 기억들인 원형을 형성한다. 원형은 꿈의 상징체계 속에서 발견되며 지혜를 포함해서 인간성장의 안내자의 역할을 한다. 원형적인 패턴들은 인격 속에서 실현되기를 기다리는데 개인에게 원형은 심리적 심상에 영향을 미치는 것만이 아닌 전통과 문화를 통해 강력한 영향을 미친다.

원형은 인간이 태어날 때부터 가지고 나오는 인간의 가장 보편적이고 가장 원초적인 행동유형으로 인종과 문화를 초월해서 누구나 갖고 있는 선험적인 틀(Type)이다.

원형은 인간 행동, 출생, 결혼, 모성애, 죽음, 상실 같은 인생의 필수적이고 보편적인 경험들을 둘러싼 행위들에서 발견할 수 있다. 이러한 인간 행동들은 인간 심리 자체의 구조와 밀접한 연결을 가지며, 그림자, 아니마, 아니무스 등과 같은 원형들에 의하여 구체적으로 영향을 받는다. 원형은 정동(Affect)을 자극하고 인간으로 하여금 현실에 대해 눈을 멀게 만들며 '의지'를 점유한다. 원형적인 패턴은 자아가 상처를 받기 쉬울 때와 위기의 순간에 가장 분명하게 나타난다.

브래드쇼(2004)는 상처 입은 내면아이를 설명하기 위해 원형을 언급한다. 원형은 우리 몸의 골격구조에 비유될 수 있는 '영혼의 기관차'와 같은 존재라고 한다. 원형은 지난 수세대를 통해 만들어진 것으로 전수된 선천적인 정신의 경향성이다. 내면아이를 위해 브레드쇼(2004)가 주목한 원형은 어머니와 아버지의 원형이다.

어머니 원형	긍정적인 측면	아이를 돌보고 생명을 주는 것
	부정적인 측면	아이를 숨 막히게 하거나 자식을 삼켜버리고 파괴하는 것
아버지 원형	긍정적인 측면	아이를 보호하고 울타리를 쳐주는 것
	부정적인 측면	자신의 힘을 잃을까 두려워하고 폭군으로서 자신을 속박하고 전통에서 벗어나기를 거부하는 것.

폰 프란츠(von Franz, 2013)는 집단 무의식의 원형 그 자체가 콤플렉스이라고 하였다. 콤플렉스는 상처 입은 내면아이에 대한 심층심리학적 접근에서의 원리를 설명해주는 개념이다. 즉 콤플렉스의 다른 이름이 내면아이인 것이다. 우리는 원형의 탐색을 통해 콤플렉스의 실체에 다가갈 수 있다. 원형들 중에서 자아에 가장 많은 영향을 주는 원형에는 그림자, 아니마, 아니무스가 있다. 이 중에서 가장 접근이 용이하고 쉬운 원형이 그림자이다(C. Jung, 2016).

(2) 그림자의 원형

칼 융은 꿈에 등장하는 다양한 상들 밑에는 하나의 집단적 실체가 존재한다는 사실을 발견하였다. 꿈에 나타난 그림자 상은 꿈을 꾼 사람에게는 개인적인 반면, 그림자 자체는 집단적 실체이다.

칼 융은 자기(Selbst)는 심혼의 중심으로 의식과 무의식을 포함하는 전 범위라고 하였다. 우리는 평생 동안 자기를 인정하고 통합하여 '자기실현'의 과제를 수행해야 한다. 칼 융에 따르면 자기는 대극들의 긴장을 조정하고 완화시키는 원형적인 충동으로 이해될 수 있다고 본다. 반면에 자아는 자기의 아주 작은 일부분으로 의식적 마음의 중심이다. 자기에는 자아만 존재하는 것이 아닌 자아의 대극으로 그림자가 있다. 자아가 커지면 커질수록 그만큼 그림자도 커진다.

그림자의 원형은 개인 무의식과 집단 무의식 모두에 걸쳐 있는 원형이다. 그것은 집단무의식에만 영향을 받는 것이 아닌 개인의 경험과 삶의 방식에도 영향을 받는다는 것을 의미한다. 그림자는 우리 자신의 일부이지만 스스로 억압하거나 거부해온 내면이다. 의식의 중심인 자아가 빛이라며 그림자는 어둠의 속성을 갖는다. 마치 빛과 어둠이 언제나 함께 하듯이 빛이 커지면 그 뒷면에는 그만큼 어둠도 커진다. 빛이 있으니 그림자가 있는 것처럼 우리 모두는 그림자를 갖는다.

무의식에도 개인 무의식과 집단 무의식이 있듯이 그림자에게도 개인의 그림자와 집단 그림자가 있다. 개인의 그림자는 집단 그림자에 의해 오염된다. 개인 그림자는 한 개인에게 속하는 내용으로 이루어져 있으며, 집단 그림자는 수천 세대의 사람들, 심지어 모든 사람들에게 공통적으로 있는 내용으로 이루어져 있다. 그림자 그 자체가 우리의 내면의 고통을 의미하지 않는다. 우리가 그것의 존재를 인식하지 못하는 것이 문제이다. 우리는 자기가 어떤 개인의 그림자를 갖고 있는지를 인식하지 못하면 무의식의 심연에 빠져 들어가서 집단 그림자를 구별하지 못하고 개인 그림자가 오염된다. 그러면 지나치게 한쪽으로 치우치게 되면서 내면의 균형은 깨어지고 그림자의 인격에 휩싸이게 된다.

칼 융은 그림자를 인식하기 위해서는 우리의 꿈과 타인과의 관계를 들여다보아야 한다고 하였다. 그림자를 인식하지 못하고 있으면 그것은 타인과의 관계 안에서 투사된다. 투사는 자기 자신의 무의식에 있는 내용물을 타인의 내면에서 지각하는 것을 말한다. 당연히 무의식적 과정이다. 의식적으로 남에게 자기의 그림자를 투사를 하지 않지만 무의식적으로 자신의 열등한 인격을 누군가에 덮어씌우려고 한다. 우리가 별 이유 없이 몹시 싫은 사람은 우리가 자신 안에 가장 싫어하는 것에 대한 투사이다. 그림자 투사가 가장 많이 발생하는 곳은 동성의 사람들과 가족 안에서이다. 남자는 남자에게, 여자는 여자에게 그림자를 투사하는데, 특히 별 이유 없이 싫거나 껄끄럽고 불편한 느낌을 받는다. 길에 그 사람을 보거나 대화 중에 그를 언급하는 것마저 마음이 불편하고 왠지 거북하다. 그러면 그 사람에게 대해 객관적으로 행동하기 어렵게 되고 둘 사이에는 긴장과 갈등 상황이 발생하게 된다.

다음으로 그림자 투사가 발생하는 대표적인 곳이 가족 안에서이다. 부부는 서로에게 그림자를 투사하고, 무엇보다 부모가 자녀에게 투사를 한다.

예를 들어, 한 엄마는 첫째 딸이 마음 속 깊이 마음에 들지 않았다. 반면에 둘째 딸은 모든 것이 예쁘고 마음에 들었다. 자기가 자녀를 편애한다는 것이 대단히 불편하여 첫째를 잘해주려고 애를 썼다. 그러나 그러한 노력은 쉽게 무너졌고, 특히 첫째의 특정 행동을 보면 이성을 잃어버릴 정도로 화가 올라왔다. 그것은 첫째 딸이 사람들 앞에서 눈치를 살피고 자기주장을 당당하게 못하고 우물거리는 태도였다. 사실 첫째 딸의 이런 모습은 이 엄마의 모습이었다. 사람들에게 당당하지 못하고 자신감 없이 우물거리는 자기의 모습이 싫었다. 이런 자기의 열등한 인격을 거부하려고 하였고 첫째 딸에게 그림자를 투사하였다. 둘째 딸은 자신감이 넘치는 아이였고 그런 모습을 좋아하였다. 둘째 딸은 엄마의 내면의 빛의 부분이고, 첫째 딸은 어둠을 나타내고 있었다.

그런데 투사를 하는 본인 스스로 그림자의 특성을 인식하고 변화하려고 하는 것은 거의 불가능하다. 객관적인 입장의 주변사람들에겐 그것이 투사의 문제라는 것이 불 보듯 뻔 한데도 정작 본인은 그것을 투사로 받아들일 가능성은 거의 없기 때문이다. 상대방이 마음에 안 들어 몹시 싫어하는 투사의 행동에는 강하게 감정이 묻어 있게 된다. 강하게 실린 투사를 거두어들일 수 있으려면 먼저 자신의 그림자를 똑바로 인식할 수 있어야 한다(C. Jung, 2016).

칼 융(2016)은 투사를 하는 주체는 의식이 아닌 무의식이라고 말한다. 그런데 투사의 효과가 나타나면 투사를 하는 주체는 자신의 환경으로부터 고립된다. 왜냐하면 투사가 일어나면 그와 환경의 진정한 관계가 사라지고 그 자리를 자신의 무의식으로 만들어진 가공의 실체가 대신 차지하게 되기 때문이다. 따라서 투사는 최종적으로 자기애적인 혹은 자폐적인 상황을 낳고 그 상황에서 사람은 절대로 가능하지 않은 세상을 꿈꾸게 된다(C. Jung, 2016). 예를 들어 취업에 실패하고 원하는 직장을 갖지 못하고 백수로 집에 있는 사람이 투사를 통해 자신의 실패와 좌절을 단지 외부적 환경 탓만으로 돌릴 수 있다. 실패의 감정과 이보다 더 나쁜 무능과 자기비하의 감정을 이제 투사에 의해 환경 또는 가족 탓으로 돌려지게 되면 이 사람은 악순환의 고리에 놓이게 된다. 스스로 현실로부터 고립되어지고 투사가 많이 증가할수록 자아가 망상을 간파하는 일은 더욱 어려워지게 된다(C. Jung, 2016).

칼 융(2016)은 자신의 그림자에서 오는 문제를 인식하지 못하고 자신 뿐 아니라 주변 사람들의 삶까지 엉망으로 만들어 놓으면서도 투사에만 머무는 사람은 자신의 비극이 바로 자신의 내면에서 비롯되고 있다는 사실을 모르고 있는 것이라고 한다. 물론 본인 스스로 일부로 이 비극적 상황을 만드는 것은 아니지만 그는 점차 세상으로부터 더욱 고립되고 결국은 무의식이 만들어내는 착각과 망상이 누에고치처럼 그를 결국에는 완전히 감싸버리게 될 것이다.

칼 융은 “당신이 가장 두려워하는 것을 찾아라. 진정한 성장은 그 순간부터 시작된다”고 하였다(R. A. Johnson, 2006). 그림자는 우리에게 내면의 황금을 발견하게 해주는 연금술에서 중요한 부분이다. 무의식을 물질에 투사한 것이 연금술인데 여기서 값싼 납과 같은 금속을 황금으로 전환시키는 작업을 수행한다. 정신의

34

연금술인 심리치료 작업에서 가장 중요한 원재료가 그림자이다. 대부분의 사람들은 상처 입은 내면아이의 실체를 인식하지 못한다. 과거의 상처 입은 내면아이의 존재는 우리의 가장 열등하고 부정하고 싶은 부분이다. 우리의 의식 안에서 부인되고 거부될수록 그림자의 인격은 우리를 지배한다.

(3) 아니마, 아니무스

칼 융은 여성의 정신 속에 들어 있는 남성적 부분을 아니무스, 남성의 정신 속에 들어 있는 여성적인 부분을 아니마라고 하였다. 『주역』에 드러난 음양의 원리를 보더라도 인간정신은 남성성과 여성성을 함께 갖고 있다. 마음의 구조에서 의식의 중심인 자아 Ich, ego와 아니마와 아니무스 사이에는 그림자가 놓여있다. 그림자를 의식화해야 아니마와 아니무스를 의식화 할 수 있다. 그림자가 동성 파트너와의 관계에서 인식될 수 있다면, 아니마와 아니무스는 이성 파트너와의 관계를 통해서 인식될 수 있다.

그림자는 집단 무의식적이지만 개인의 무의식을 나타내고 있기에 그림자의 내용물은 그다지 어렵지 않게 의식으로 바뀔 수 있다. 이 점이 그림자가 아니마나 아니무스와 다른 점이다. 그림자를 간파하고 인정하는 것은 비교적 쉬운 반면에, 아니마와 아니무스는 의식에서 훨씬 더 멀리 떨어져 있다. 그림자에 의해서 투사가 일어나는 것 보다 아니마와 아니무스에 의해 투사가 발생하는 것은 탐색하기 어렵다. 왜냐하면 아니마와 아니무스는 개인 무의식과 멀리 떨어져 있고, 집단 무의식에 속한 원형이기 때문이다. 무의식의 탐색은 그림자를 통해 아니마와 아니무스로 접근할 수 있다.

여성의 남성적인 부분이나 남자의 여성적인 부분은 각자의 부족한 인격을 보충해주는 긍정적면을 갖고 있다. 그러나 여성 안에 있는 아니무스는 부정적인 부분도 갖고 있다. 부정적 아니무스는 냉정하고, 융통성이 없고, 도덕적 판단을 내리고, 거칠고, 상당히 불쾌한 공격성을 갖고 있다. 또한 사납고, 공격적이며 다른 사람을 무시하는 모습도 갖고 있었다. 여성이 지나치게 남성적인 모습인 아니무스만을 강조하고 살면 그녀의 삶은 균형을 잃어버리고 그녀의 소중한 자원을 잃어버릴 수 있다. 하지만 그녀가 자기 안에 본래적인 여성성과 반대되는 남성성을 적절하게 일상생활이나 일상행동에 편입시키게 되면 성공적인 인격발달이 가능하다.

마찬가지로, 남자 안에 있는 여성성인 아니마도 부정적인 부분을 갖고 있다. 우울하고, 뾰로통하게 잘 토라지고, 삐지고, 열등감을 갖고 있으며, 골을 잘 내어 감상적인 여자처럼 행동하게 만들다. 이런 남자는 우울하게 보이며, 쉽게 객관성을 잃어버리고, 조그만 마음의 상처에도 예민하게 반응하여 복수하려고 한다.

융의 심리학 중 가장 중요한 것은 인간 정신의 양성성이다. 생물학적으로 보면 인간의 성은 분명하게 정해져 있지만 인간의 정신은 그렇지가 못하다. 인간의 정신에는 반대되는 성의 일부가 담겨있다. 이런 반대되는 성의 일부를 인식하고 그것을 일상생활이나 일상 행동에 편입시키는 것은 한 인간의 인격발달에서 아주 중요한 과정이다.

칼 융은 심리에서 아니마와 아니무스가 하는 최대의 역할은 의식과 무의식을 이어주는 중재자가 되는 것이라고 말하였다. 여성이 성장하기 위해서는 무의식의 우세한 측면인 아니무스에 대해 복종적인 태도를 버려야 한다. 아니무스는 가끔씩 여성이 외부세계와 맺는 관계를 부정적으로 통제한다. 아니무스를 잘 사용하여 성장하기 위해서는 의식적 자아 ego와 무의식의 내면세계 사이에 중재자로 아니무스가 활동하여 성장을 도와야 한다.

아니무스에 사로 잡혀 있는 여성은 실제로 자신의 아니무스를 전혀 알지 못한다. 아니무스의 영향으로 이루어지는 행위를 자신의 자아가 스스로 하는 것으로 인식한다. 실제로 행동을 하는 순간 여성의 자아는 아니무스에 의해 완전히 지배당한다. 그러나 여성이 의식을 적절하게 사용할 때 자신의 의식과 아니무스는 다른 존재라는 사실을 알 수 있게 된다.

칼 융이 말한 것처럼 원형은 어떤 힘이다. 그것은 그 자체로 자율적이고 작동된다. 원형에 하나인 아니마와 아니무스는 여러 다양한 측면을 가지고 있는 풍부하고 복잡하고 모호한 존재이다. 그것은 집단 무의식 속으로 깊이 들어가야 만날 수 있는 깊은 원형적 측면을 갖는다.

모든 원형들은 대극의 합일인 것처럼 아니마와 아니무스도 대극적인 요소를 갖고 있다. 먼저 아니마와 아니무스가 서로에게 대극적이며, 아니마는 심오한 힘을 가지고 있고 고결하고 영적이며 창조적인 힘을 가지는 반면에 유혹적이고, 매력적이고 파괴적이다. 최고로 성취를 이루도록 돕는 동시에 그 모든 공든 탑을 한순간에 무너뜨리도록 만든다.

아니무스는 최고의 정신적 안내자인 동시에 구원자이며 반면에 폭력을 휘두르는 폭군이다.

우리에게 주어진 과제는 이 두 이미지를 통합하고, 대극을 뛰어넘어 볼 수 있고 그들이 같은 존재의 두 가지 부분이라는 것을 알아차리는 것이다.

칼 융(2007)은 아니마와 아니무스의 특징으로 아니마가 '기분

mood'을 만들어내고, 아니무스는 '의견'을 만들어낸다고 하였다. 기분의 양극단에 우울증과 조울증이 있다. 기분은 집단적이고, 감정은 개인적이다. 아니마가 만들어내는 기분은 자아를 감싸고 그것을 아예 삼켜버린다. 그래서 우울한 남자들에겐 정체성이 거의 없거나 아예 없다. 그들은 우울 그 자체가 되어버린다. 아니무스가 만들어내는 의견도 기분과 비슷하다. 절대로 굽히지 않는 강한 의견을 만들어내는데 이 의견의 힘은 개인적이지 않고 집단 무의식적이다. 아니마에 사로잡힌 남자가 자신을 사로잡고 있는 기분을 모르듯이 아니무스에 사로잡힌 여성도 자기가 내세우는 의견의 맹목적인 힘이 무엇인지를 모른다. 기분과 의견이 서로 충돌하는 지점을 남녀의 관계에서 이루어지는 소통에서 볼 수 있다.

칼 융은 두 남녀가 대화를 할 때 내면에서 작동되는 요소를 아니마와 아니무스라고 하며, 이것들은 우리의 자아와 내면세계를 연결하는 기능을 한다. 두 남녀 사이에 소통이 안 되는 이유를 칼 융은 아니마와 아니무스의 문제라고 말한다. 남자와 여자가 소통하는 법을 배우려면 각자 내면에 있는 아니마와 아니무스와 화해해야 한다고 말한다.

아니마와 아니무스가 자극되고, 격분하여 서로를 더욱 자극하여 싸움을 하게 될 때는 언제나 소통의 문제가 있다. 그러나 대부분 두 남녀는 소통의 문제로 생각하지 않고 자기를 무시하거나 거절하였다고 받아들인다. 그러면 여지없이 아니마와 아니무스가 싸움을 벌이게 된다.

아니마와 아니무스의 특징은 서로 남녀 상대방에 있는 부정적인 아니마와 아니무스를 끌어내어 서로를 공격하게 만든다는 것이다. 여자의 입에서 아니무스의 고집 세고 거친 말이 나오면 남자의 아니마는 격분된다. 아니무스가 마치 여자 자체인 양 생각하고 대판 싸움을 벌인다.

칼 융은 여자가 잔소리를 하고 남자가 우울해지고 언짢아할 때 일어나는 일은 두 남녀 사이의 대화라기보다 아니마, 아니무스 간의 전쟁이라고 말한다. 부정적인 아니무스에 사로잡힌 여자는 남자의 약점과 실수를 지적하고 잔소리를 하면서 남자에게 죄의식, 패배감, 열등감을 심어주어 남자로 하여금 부정적인 아니마에 사로잡히게 만든다. 그러면 그럴수록 두 사람의 소통은 뒤엉키게 되고 더욱 부정적인 아니마와 아니무스가 강화되는 악순환에 빠지게 된다.

-Edward, 2016-

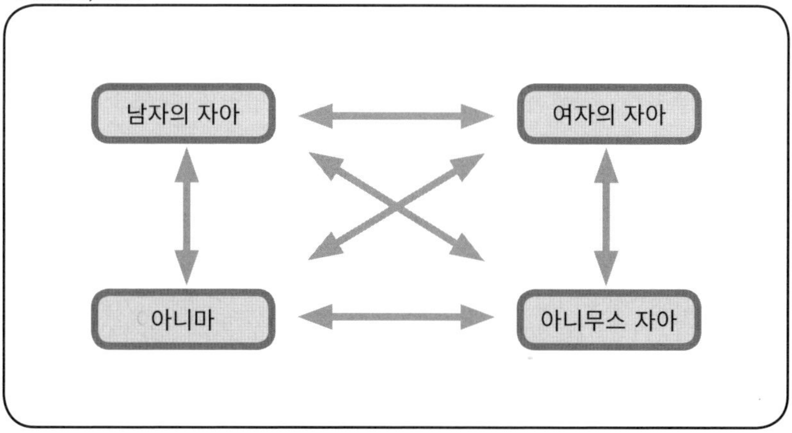

칼 융은 두 남녀 사이의 관계에는 사실은 4 개의 참가자가 있다고 보았다. 남자와 여자, 그들의 아니마와 아니무스이다. 두 남녀 사이에서 이루어지는 투사를 통해서 아니마와 아니무스가 드러나게 된다. 남자에겐 여자의 아니무스가 투사되고, 여자에겐 남자의 아니마가 투사되면 둘 사이에는 복잡한 교류가 발생하게 된다. 소통의 문제를 가진 두 남녀가 격렬하게 싸우고 있는 것은 단지 두 남녀의 잘못된 소통만이 아니다. 두 사람 모두 각자의 무의식에서 올라오는 기분과 의견을 인식하지 못하고 서로를 향해 투사를 하고 있는 것이다.

분석심리학은 우리 인간은 대극을 통합해야할 과제를 갖는다고 말한다. 특히 성인초기 까지는 성장에 초점을 맞추고 중년기 이후는 자기실현을 위한 과제를 수행해야 한다. 여기서 중요한 것은 집단 무의식에서 올라오는 대극적 요소들을 통합하고 합일하는 것이다. 우리 동양인은 오랜 시간 음과 양의 원리로 세상을 보았다. 하늘과 땅이 있고 여자와 남자가 있고 왕과 백성이 있듯이 세상은 언제나 두 가지 요소의 분열로 이루어져 있다고 여겼다. 여기서 조화로운 삶이란 두 대극을 통합하는 지혜에 있다고 여겼다. 어쩌면 이러한 동양적 세계관은 융의 심리학을 통해서 비로소 그 빛을 인정받게 된 듯하다. 칼 융은 조화로운 삶이란 중년기이후 본격적으로 내면에서 계속해서 올라오는 대극적인 요소들을 어떻게 잘 통합하는가에 달려있다고 보았다. 이러한 의미에서 대극의 대표적 요소인 남녀의 관계 안에서 무의식적으로 작동하는 아니마와 아니무스를 통합하는 것은 중년기 이 후에 놓이는 대극의 통합을 위한 의미 있는 결과를 가져다준다.

아니마와 아니무스는 우리를 깊은 단계의 무의식으로 이끌고 간다. 중년기 이 후 더욱 중요해진 부부관계 안에서 아니마와 아니무스의 힘을 경험하며 좌절과 고통 아니면 만족과 성취를 얻게 된다. 가족관계 안에서 두 남녀가 대극 사이에 있는 불가피한 갈등을 견디어 내고 서로를 이해하고 타협하는 과정을 통해 아니마와 아니무스를 간접적으로 인식하게 된다. 이러한 인식을 통해 노골적인 서로에 대한 투사를 거두고 덕분에 부정적인 아니마와 아니무스로부터 분리되게 된다.

그림자가 인식되어야지 아니마와 아니무스의 실체가 드러나듯이 그림자 통합 이상으로 아니마와 아니무스의 통합은 분석심리학에서 중요한 과정이다. 아니마와 아니무스가 갖는 대극을 통합하는 과정을 통해 자기실현의 단계로 들어가며 정신의 깊은 수준인 '대지의 어머니 Chthonic Mother'의 원형과 '노현자'의 원형이 활성화 될 수 있다.

(4) 영원한 소년 원형

존 브래드쇼가 칼 융의 분석심리학에서 상처 입은 내면아이를 위한 개념으로 주목한 것이 영원한 소년의 원형이다. 칼 융은 원형이 신화나 민담을 통해서 드러나며, 특히 여기에 등장하는 전형적인 인물상에서 나타난다고 보았다. 그는 꿈, 신화, 민담 등을 통해서 전형적으로 표현되는 신화적 인물 유형을 이용해서 원형의 이름을 붙였다. 예를 들어 모성원형(Mutterarchetypus), 어린이원형(Kinderarchetypus), 노현자(Der alte Weise), 트릭스터(trickster) 등이 있다.

'영원한 소년' 또는 '신성한 아이(divine child)'의 신화는 전 세계 광범위하게 퍼져 있다. 영원한 소년은 고대 그리스 로마의 신의 이름이다. 이 어린이 신은 디오니소스와 에로스 신과 동일시되었다. 칼 융이 말하는 노현자의 원형과 영원한 소년의 원형은 서로 대극적인 원형이다. 중세 연금술사들이 납을 황금으로 바꾸는데 반드시 필요한 '현자의 돌'을 '노인 senex과 소년 puer'라고 불렀다. 황금으로 변하게 하는 가장 중요한 도구인 현자의 돌이 지혜와 젊음이라는 대극적 요소의 합일이라는 것을 보여준다. '영원한 소년' 또는 '신성한 아이'의 원형은 진정한 자기(Selbst)의 출현이며 존재의 완전성을 보여주는 것이다. 이들 원형은 세상을 변화시키고 구세계의 질서에 건강한 에너지를 가져오게 하는 창조적 에너지를 상징하기도 하다.

어린이원형의 의미인 영원한 소년의 부정적인 측면을 폰 프란츠(2017)는 『영원한 소년과 창조성』에서 설명한다. 폰 프란츠는 생텍쥐페리의 어린 왕자를 통해 영원한 소년의 원형을 모성 콤플렉스가 강하며 너무 오래 소년심리에 머물려는 사람과 연결시킨다.

영원한 소년은 모성 콤플렉스에 강하게 사로잡힌 남자에게 나타나는 것으로 자신을 품어주고 모든 욕구를 채워주는 어머니 같은 여성을 끊임없이 갈망한다. 그의 행동은 낭만적인 소년 같아 보인다. 동성애 또는 바람둥이가 되어 지나치게 성적 행동에 탐닉한다. 모성 콤플렉스는 어머니에 대한 근친상간의 금기를 건드리기 때문에, 아내를 비롯한 어머니와 같은 의존적 대상으로 여겨지는 여성과는 성관계의 어려움을 느낀다. 영원한 소년에 사로잡힌 사람은 일반적으로 성인의 삶이 요구되는 사회생활에 잘 적응하지 못한다고 한다(von Franz, 2017). 그러면서 잘못된 우월감과 동시에 열등 콤플렉스에 사로잡힌다. 자기에 맞는 직업 정체성을 형성하기도 어려워 올바른 직업을 얻지 못하고 헤맨다. 폰 프란츠(2017)는 이런 사람의 가장 큰 문제는 미래에 언젠가 정말 맞는 직업을 구하거나 또는 자기가 원하는 이상적인 여자를 만날 수 있을 것이라는 '기이한 견해 내지 공상'이 문제라고 말한다. 이들은 늘 현실에 있기를 거부하고 막연하고 모호한 구세주나 메시아 콤플렉스에 사로잡히기도 한다. 영원한 소년의 원형에 사로잡힌 사람이 가장 두려워하는 것은 무엇엔가 묶여버리는 것이라고 한다. 누군가에 매이거나 어딘가 지나치게 소속될 때 오는 갑갑함과 불안을 견디지 못한다. 어딘가에 구속되지 않고 누군가에게 묶이지 않는 것을 본능적으로 추구하는 사람은 무언가 독특한 특성을 가지며 남들과는 다른 창조성을 가질 수 있다. 더구나 이런 모습은 매력적으로 비쳐져서 '신적인 소년' 같이 보일 수 있다.

영원한 소년에 사로잡힌 사람은 영원한 소년의 매력을 갖는 사람도 있지만 정반대로 계속 졸린 듯 한 혼미한 상태에 놓인 경우도 있다. 이런 모습은 청소년들이 가진 특성들 중에 하나이지만 아무런 규율에도 얽매이지 않고 건들거리고 빈둥대는 젊은 남자들에게서 볼 수 있다. 겉으로 보면 한심해 보이는 젊은이지만 내면적으로는 대단히 풍요로운 공상 생활을 할 수도 있다고 한다.

폰 프란츠(2017)는 모성 콤플렉스를 가진 남자는 영원한 소년으로 머물고 있는 성향과 스스로 끊임없이 싸워야할 운명이라고 말한다. 영원한 소년에 머물려는 경향으로부터 빠져나오기 위해서는 자아가 충분히 강화되어 어머니와의 정서적 분리가 이루어져야 한다. 자신의 삶을 수용하게 되면 중년기이후 찾아오는 가장 큰 숙제인 죽음도 수용하게 된다. 그러나 영원한 소년에 사로잡힌 사람이 가장 원하지 않는 것이 바로 이것이라고 한다. 자신이 약하며 죽을 운명이라는 사실을 거부하고 현실로부터 도피하려고 한다. 영원한 소년은 자신을 불사신으로 동일시하여 자신의 성장과 늙음에 대해 거부하고 있는 것이다. 영원한 소년의 원형으로 빠져나오기 위해 폰 프란츠(2017)는 자신의 그림자를 분명히 볼 것을 주문한다.

모성 콤플렉스를 가져서 영원한 소년에 머물려는 남자들은 종종 불쾌한 화남이나 약한 우울증을 보인다. 그것은 살기 싫다는 반응이고 어머니와 상관이 있다고 한다.

그림자, 아니마, 아니무스, 영원한 소년의 원형에 사로잡힌 사람은 내적 긴장과 갈등이 발생하여 대극적인 상황이 깊어진다. 그러면 꿈은 무의식이 의식에 통합되기를 바란다는 걸 상징체계를 통해 암시하기도 한다. 그렇지 않으면 신경증에 걸려 시달리게 된다. 심리적 대극의 통합을 거부하면 내적 갈등이 일어나서 결국엔 우리의 자아가 제대로 기능을 발휘하지 못하게 된다. 그러므로 신경증에 대한 해결은 갈등을 의식화하여 자아가 성장하고 더 나아가 우리의 의식적인 태도가 성장하게 된다. 그러면 우리의 인격 안에서 그 동안 거부되던 부정적 측면이 이제 우리의 삶에 수용된다. 칼 융은 신경증을 제거 하려고 하지 말라고 하였다. 오히려 그것이 무엇을 의미하는지를 알아야 하며 그것의 목적이 무엇인지를 경험해야 한다고 말한다. 또한 우리는 신경증에게 감사해야 한다고 한다. 덕분에 진정 우리가 어떤 사람인지 알 수 있는 기회를 얻었기 때문이다.

브래드쇼는 원형의 개념을 통해 상처 입은 내면아이의 개념을 설명하려고 하였다. 원형은 집단 무의식에 속한 것으로 우리가 전혀 인식할 수 없는 부분이다. 오직 의식화의 작업을 통해 그 존재를 파악할 수 있고, 이렇게 자기를 알려는 작업은 자신을 이해하고 성장하게 만든다. 원형은 콤플렉스의 일종으로 모성 콤플렉스와 부성 콤플렉스와 깊은 연결을 갖는다. 모성 콤플렉스와 부성 콤플렉스는 상처 입은 내면아이의 특성이기도 하다. 내면아이가 만들어지는 것은 대부분은 유년기이며 무엇보다 부모와의 상호작용을 통해서 만들어지기 때문이다.

(5) 콤플렉스

칼 융은 모든 증상은 콤플렉스 때문에 오는 것으로 보았고, 분석심리학이전 그의 치료모델의 최초의 이름이 '콤플렉스 심리학'이기도 했다. 칼 융은 프로이트가 꿈을 무의식의 '왕도'라고 했던 것에 빗대어 콤플렉스가 무의식에 대한 왕도라고 한다. 콤플렉스는 정신 안에 있는 자율적인 존재로 자아의 통제를 받지 않는 독립된 존재이다. 콤플렉스는 마음의 응어리로 해석될 수 있는 것으로 강한 감정체험에 의해서 모여든 심리적 내용물들의 뭉침으로 해석될 수 있다(이부영, 2015)

콤플렉스는 우리가 살아오면서 겪게 되는 사건들 중에서 특별히 감정적으로 과민 반응을 일으켰던 것들이 반영되어 있다. 콤플렉스에는 어린 시절 부모와 형제자매와 상호작용했던 사건의 기억만이 있는 것이 아니다. 실제로 경험한 것과 더불어 당시 상상한 것, 좌절한 기대, 미해결된 감정들이 복합적으로 혼합된 것이다. 콤플렉스는 과거의 힘들었던 경험을 현재와 미래 안으로 끊임없이 가져와서 당시의 고통을 재 경험하게 만든다. 이런 맥락에서 콤플렉스는 프로이트가 말한 반복 강박적이다.

단어연상검사를 처음 사용한 칼 융은 내담자들이 간단한 단어연상을 할 때 반응속도의 차이가 나는 단어가 있다는 것을 발견하였다. 어떤 질문에 반응속도가 느린 것은 지적인 문제이기 보다 감정적인 요인에 의해 발생한다고 보았다. 단어연상검사는 100개의 단어로 구성되어 있으며 그 중 1번 문제는 머리, 2번은 인연, 3번은 물, 4번은 노래하다, 5번은 죽음 등 다양한 단어가 등장한다. 1번부터 4번까지는 반응 속도가 비슷했는데 5번 죽음이라는 단어에서 반응속도가 느려진다면, 그것은 내담자의 감정이 작용하였던 것이다. 내담자는 얼마 전 가까운 사람이 죽었고 죽음이라는 단어를 보는 순간 죽음이라는 단어가 의미를 갖게 되면서 반응속도가 느리게 나왔다. 칼 융은 이런 단어연상검사를 환자들에게 실시를 하였고 환자들의 개인적 경험과 관련해서 일정한 주제를 찾을 수 있었다. 환자들에겐 공통적으로 어머니와 아버지가 관련될 때 반응속도가 느려졌고 어머니와 아버지라는 개념 주위의 무의식 속에 일정한 에너지가 존재한다고 보았다. 특히 어머니 콤플렉스는 어머니에 대한 개인적 기억만이 아니라 아이와 어머니 사이에 존재하는 집단적이고 원형적인 기억을 관찰하게 된다. 콤플렉스가 형성되고 여기에 개인의 기억이 축적되며, 그 안에는 집단의 기억인 원형이 존재한다. 즉 콤플렉스는 원형적 힘을 갖는다. 칼 융의 분석적 작업은 내담자가 가진 콤플렉스의 핵심에 놓여있는 것이 무엇인지를 탐색하는 것이었다. 콤플렉스는 신경증을 분석하는데 매우 유용하다.

콤플렉스가 활성화되면 콤플렉스는 특정 행동의 원인이 되고 사람이 그것을 인식하든지 못하든지 '감정'에 의해서 드러나게 된다. 다시 말해서 콤플렉스가 드러날 때는 언제나 감정적으로 민감해지고, 늘 그랬던 것처럼 예전에 비슷한 상황에서 해왔던 반복적인 방식으로 대처한다.

감정이 개입되는 두 사람 관계에서는 언제나 콤플렉스가 발생한다. 두 사람 사이에 격양된 감정이 올라오게 되었을 때 이것은 하나의 콤플렉스가 된다. 그러면 모든 비슷한 사건과 경험들이 이 콤플렉스의 의미로 받아들여지면서 콤플렉스를 더욱 강화시킨다. 즉 한 번 발생한 콤플렉스는 비슷한 상황이나 유사한 관계 경험 속에서 매번 동일한 감정이 수반되게 된다. 일상 속에서 콤플렉스를 유발하게 했던 주제나 아직 해소되지 못한 콤플렉스와 연결된 감정들이 건드려지면 무의식 속에 결합되어 있는 전체가 활성화되고 틀에 박힌 늘 해오던 방식으로 자동적으로 반응을 하게 된다. 콤플렉스가 활성화되면 당사자는 언제나 과잉대응과 부적절한 대처로 인해 어려움이 발생한다.

중학교 교실에서 반 친구들에게 왕따를 당했던 한 여성이 있다. 자기를 맘에 들어 하지 않던 몇 명의 친구들에게 따돌림을 당하였다. 너무나 수치스럽고 괴로웠지만 자기가 왕따 당하고 있다는 사실을 같은 반 다른 아이들에게 들키지 않으려고 기를 쓰고 참았다. 당시 학교에 가는 것이 너무 힘들어 공황장애까지 경험했다. 지금 이 여성은 대학을 졸업하고 직장에 취업을 하였다. 그토록 원하던 직장에 어렵게 준비해서 입사를 한 후 정신적 고통을 당하였다. 그것은 그녀의 오래된 콤플렉스가 활성화되었기 때문이다. 직장에 가는 것이 죽기보다 싫고 동료 직원들을 보는 것이 너무나 두려웠다. 직장에 출근해서 자리에 앉는 순간 어떤 마음이 되는가를 물었다. 그것은 마치 중학교 교실에 와 있는 듯 한 느낌이었다. 그리고 동료들이 자기를 싫어해서 자기에 대해 뒷담화를 하고, 자기를 뒤에서 욕하면서 수근 할 것 같다고 하였다. 그러면 사무실에 있는 것이 너무나 무섭고 두려워 자리에 앉아 있을 수 없다고 하였다. 이 여성의 콤플렉스는 활성화 되었고 그러면서 과거와 현재의 구분이 깨어지고 무기력하던 중학교의 교실과 성인이 되어 출근한 직장의 사무실이 동일시되었다. 그 순간 그녀는 더 이상 성인이 아닌 중학생으로 돌아가 있게 된다. 당시의 무기력,

공포, 외로움 등 모든 미해결의 감정들이 그녀를 엄습해왔다. 콤플렉스는 이 여성을 방해하고 있었고, 주어진 상황에 맞는 개인의 차별화된 행동을 하지 못하게 하고 언제나 판에 박힌 과거의 대응방식과 그에 따른 감정들을 경험하게 하였다. 이 여성의 경우처럼 과거의 해소되지 못한 문제로 고통을 받고 있는 경우 콤플렉스가 '자리를 잡는다'는 표현을 사용한다(Kast, 1994). 감정이 클수록 콤플렉스도 더 강해지고 자아의 기능은 축소된다. 콤플렉스에 더 많은 감정이 결합되어 있을수록 개인의 자유의지가 중단된다.

폰 프란츠는 전 세계의 신화에서 등장하는 거인신화에 대해 설명한다. 그리스 신화를 비롯한 각국의 신화에서 거인들은 아주 늙은 존재로 인간이 만들어지기 전에 신에 의해 창조한 신비로운 존재로 나온다. 그리스 신화나 북유럽 신화에서 거인 인간들이 먼저 창조 된 것으로 나온다. 대부분의 신화에서 거인은 파괴적이고 충동적이며 위험한 존재로 등장을 한다. 그리스 신화에서 거인족인 타이탄은 거대한 힘을 가졌고 올림포스의 신들도 쉽게 제압 할 수 없는 존재로 나온다. 폰 프란츠는 파괴적이며 충동적인 거인은 우리의 조절 못하는 정서와 감정과 유사하다고 말한다. 상처 입은 정서와 감정은 거인처럼 파괴적이고 상대를 집어삼키려 하고 파괴적이기 때문이다.

브래드쇼(2004)는 상처 입은 내면아이의 핵심이 감정이라고 말한다. 상처 입은 미해결의 감정이 끊임없이 현재 안에서 재생되고 반복되는 것이라고 말한다. 조절 못하고 통제 될 수 없는 우리의 정서와 감정은 자아를 압도하여 화산이 폭발할 것 같은 분노와 화를 표출하기도 한다. 이것은 마치 거대한 거인이 나타난 것 같은 모습이기도하다. 거인들은 강력한 힘을 가졌으나 좀 어리석은 듯이 등장하는 것처럼 조절 못한 정서와 감정은 어리석고 충동적일 수밖에 없다. 상처 입은 내면아이가 나타날 때는 언제나 조절되지 못한 정서와 감정이 폭발할 때이며 이것은 거인처럼 파괴적이고 충동적이며 그리고 위험하기도 하다. 콤플렉스가 건드려져서 콤플렉스가 활성화 되는 순간 강력한 정서와 감정이 일어나 과거의 대응방식을 그대로 답습한다. 현재 아무리 지적인 성인이고, 세련된 교육을 받은 사람이라도 콤플렉스가 건드려진 순간 모두 사라지고 어린 시절의 감정 패턴과 대응방식을 그대로 반복하게 된다. 즉 퇴행적 행동을 통해 과거가 현재의 '나'를 집어 삼키게 된다. 정서와 감정의 폭풍우가 발생해서 엄청남 에너지가 발생하여 본인이나 주변 사람 모두 힘들게 되지만, 정작 그 원인은 현재가 아닌 과거이며 그리고 바로 자신이다.

3) 교류분석과 내면아이 : 아동자아와 인생각본

교류분석(Transactional Analysis)은 에릭 번(Eric Bern)에 의해서 개발된 치료모델로써 지금 여기에서의 반응을 바꾸게 하여 삶의 각본을 변화시키는 상담방법이다. 교류분석은 인본주의 철학에 근거하면서 정신분석의 결정론적 철학에 반대를 하며 어린 시절에 조건형성 되었거나 길들여졌던 인생의 각본을 바꿀 수 있다는 것을 강조한다. 우리는 어린 시절 부모를 비롯한 가까운 타인들에 의해 영향을 받아왔다. 이 시기 안에서 우리는 자연스럽게 이들 타인들을 의존하였으며 이를 통해 생각이나 행동방식에서 깊은 영향을 받게 되었다. 교류분석은 타인의 영향에 의해 형성된 인생각본이 더 이상 자기에게 맞지 않는다면 이에 대해 거부하고 다른 인생각본을 선택 할 수 있다고 본다.

(1) 자아이론

교류분석은 부모, 성인, 아동(Parent, Adult, Child)의 세 개의 자아상태에 근거하고 있는 성격이론을 갖고 있다. 이러한 자아상태는 프로이트의 세 가지 성격의 요소인 원 본능(id), 자아(ego), 초자아(superego)와 비슷한 개념으로 이해될 수 있다. 교류분석은 인간을 세 개의 나(I)를 가지고 있는 것으로 간주하고 이것을 자아상태라고 한다. 번(1964)은 자아상태는 감정, 인식, 이와 관련된 행동양식을 종합한 하나의 체계라고 하였다.

교류분석은 우리가 일상 속에서 세 개의 자아상태가 작동을 한다고 본다. 예를 들어, 동료직원과의 관계에서 갈등을 빚고 있는 한 직장인이 느끼게 되는 것은 세 가지이다.

먼저, 좋은 동료인줄 알았는데 욕심쟁이에다 자기의 이익만을 생각하는 사람이구나. 도대체 어떻게 저런 직원을 채용해서 힘들게 할까. 화를 내고 싸운다고 하더라도 좋지 않으니 그냥 무시를 하자.

두 번째, 도대체 어떻게 저런 사람이 다 있지. 막무가내고 예의는 조금도 없어. 저렇게 행동하는 것에는 무슨 원인이 있는 것 아닌가?

세 번째, 큰일 났다. 내가 다 뒤집어쓰겠군. 어떻게 하지.

위와 같은 세 가지의 반응은 한 사람의 내면에 있는 세 개의 자아가 반응을 한 것이다. 우리는 수많은 정보와 사건을 이 세 개의 자아를 통해 받아들이고 수용한다.

❖ **첫 번째 반응은 Parent, 부모자아상태**

❖ **두 번째 반응은 Adult, 성인의 자아상태**

❖ **세 번째 반응은 Child, 아동자아상태**

❶ 부모자아

부모자아는 프로이트의 초자아에 대비될 수 있는 개념으로서 부모 또는 부모 대리인들의 내재화된 인격의 한 부분이다. 부모자아는 부모와 부모를 대신할 수 있는 중요인물들의 행동이나 태도로부터 영향을 받아 형성된다. 따라서 부모자아 안에서 부모가 가졌으리라고 느껴지는 감정들을 경험할 수 있다. 부모자아상태 안에서 우리는 부모가 사용한 표현과 사고방식을 통해 자신과 다른 사람들을 표현한다. 부모자아는 부모가 자녀에게 내리는 징벌과 제한을 가하는 행동 또는 다른 사람을 돌보는 것과 같은 양육적인 행동을 포함한다. 상대방을 판단하는 평가, 도덕, 윤리 등에서 기인하는 말은 부모자아에 속한다. 부모자아 상태에서는 어린 시절 자신의 부모가 했던 말투, 몸짓, 생각에 지배를 받으며 이러한 방식으로 자신을 나타낸다. 부모자아는 기능상으로 양육적 부모자아(nurturing parent)와 비판적 부모자아(critical parent) 등으로 나누어진다.

먼저, 양육적 부모자아는 타인에게 친절, 동정, 관용적 태도를 가지며 타인을 보살피는 보호적인 방식으로 기능한다. 여기에는 공감, 친절, 동정, 따뜻함, 관대함이 드러난다. 주변 사람들을 북돋아주고 격려하고 그들의 어려운 부분을 보살피는 작용을 한다. 다른 사람의 응석을 받아주고, 보호해주려고 하고, 위안, 배려를 하기에 좋은 어머니의 모습이 드러난다. 양육적 부모자아에서 드러나는 이러한 방식들은 적절한 양육을 가능하게 하고 또한 인간관계가 편해질 수 있다. 그러나 너무나 지나치면 양육적 부모자아도 역기능적으로 나타난다.

두 번째, 비판적 부모자아는 자신의 생각과 가치관을 우선시하여 완고하며 처벌적인 방식으로 기능한다. 타인을 이해하고 공감하려고 하기보다 엄격한 원리원칙에 의해서 판단을 한다. 지배적인 태도, 가부장적 태도, 배타적 자세, 명령적 말투, 비난의 말이 관계 안에서 드러나게 되어 동료나 가족들을 불안하게 만들고 눈치 보게 만든다. 비판적 부모자아 상태에서는 다른 사람들과의 타협과 대화는 어렵기 때문에 긴장과 갈등이 발생하여 힘들 수 있다.

❷ 성인자아

성인자아는 프로이트의 자아에 대비될 수 있는 개념으로서 우리의 인격 중에서 사실을 객관적으로 판단하려는 부분이다. 성인자아는 자료를 처리하는 컴퓨터처럼 감정적이지 않고 또한 비판적이지 않고 논리의 법칙에 의해 기능을 한다. 성인자아는 감정과 정서에 의해 지배되지 않고 합리성과 이성에 의해 기능을 하기 때문에 문제해결 능력과 깊게 연결되어 있다.

성인자아는 의식의 영역에 있는 것으로 지성, 이성, 합리성, 생산성, 적응성을 갖고 있으며 냉정한 판단을 수행한다. 다른 사람들과의 관계에서 성인자아는 적절한 주고받기를 유지하려고 하여 관계의 중심을 유지할 수 있게 한다. 사건과 경험을 냉정하게 판단하기에 공정하게 평가하기에 일의 능률을 상승시킨다. 균형 잡힌 교양을 갖기에 자신의 충동적인 욕구를 잘 통제한다. 무언가를 선택할 때 충동적으로 결정하기보다 상대편의 말을 듣고 신중하게 판단을 한다. 성인자아는 사회생활과 관계 안에서 균형과 효율성을 가져다주는 작용을 한다.

❸ 아동자아

아동자아는 프로이트의 원본능에 대비될 수 있는 개념으로서 어린 시절의 경험을 반복하여 아동처럼 느끼거나 행동하는 기능을 한다. 아동들은 자신의 경험을 언어적 능력으로 표현하기 보다는 감정적으로 반응을 나타낸다. 따라서 아동자아는 감정과 충동 등으로 이루어진다. 브래드쇼는 아동자아를 상처 입은 내면아이의 상태로 인식하였다.

아동자아는 그 기능에 따라서 세 가지로 구분이 된다. 자유 아동자아(Free Child), 순응적 아동자아(Adapted Child)이다.

자유 아동자아는 칼 융이 말한 신성한 아이와 영원한 소년의 원형과 연결되는 것으로 본능적이며 자기중심성과 창조성과 자발성을 가지고 쾌감을 추구하고 불쾌감을 피한다.

자유 아동자아 상태는 부모의 통제와 조정에 영향을 받지 않고 본능적, 자기중심적, 호기심, 창조성이 가득하다. 도덕적, 윤리적 규범에도 매이지 않고 외부적 현실을 고려하지도 않는 자유로운 아이이다. 자기감정에 대단히 솔직하며 울고 싶을 때 울고 웃고 싶을 때 웃는 자유로운 영혼이라는 말을 듣는다. 천진난만한 상상과 공상을 가지며 직관과 창조성이 뛰어나 예술가적 자질과 전문성을 발전시킬 수 있다. 기본적으로 수치심과 죄책감에 물들지 않은 자기에 대해 긍정(OK)하는 자세로 살아간다.

순응적 아동자아는 자신의 참된 감정과 욕구를 억누르고 부모의 기대를 따르려는 기능을 가진 자아이다. 상처 입은 내면아이 개념이 주목하는 것이 바로 순응적 아동자아이다. 자기 표현력이 부족하여 싫은 것을 싫다고 표현하지 못하고 억압하거나 회피한다. 겉으로는 착하고 반항하지 않는 아이이지만 내면에 분노의 감정이 존재한다. 감정은 부자연스럽고 우울, 원망, 적개심, 비탄, 자기혐오가 있다. 순응적 아동자아는 어린 시절 상처로 인해 내재된 분노가 있다. 분노는 자기표현의 결핍에서 오는 것으로 충족되지 않은 욕구에 대한 자연스러운 감정이다. 자기표현이 부족한 경우 발생하는 것이 비행, 자살시도, 학교폭력, 등교거부, 섭식장애, 도벽, 중독 등과 같은 행동들이다. 분노가 제대로 표현되지 않으면 분노의 표현을 두려워하는 즉, 욕구 자체를 두려워하게 된다. 여기서 감정의 마비가 시작되어 정서적 한센병에 걸리게 된다. 자기의 내면 깊은 곳에서 올라오는 분노를 억누르기 위해서는 엄청난 에너지를 사용해서 감정을 마비시켜야 한다. 결국 분노의 감정은 스스로를 향하게 되어 가장 싫어하고 혐오하는 사람이 바로 자신이 된다. 따라서 순응적 아동자아는 상처 받기 쉬운 예민함과 이기적이고 유치하며 정서적으로나 지적으로도 성장하기를 거부하는 모습으로 나타난다.

(2) 인생각본

교류분석에서는 현재 모든 문제의 뿌리가 어린 시절에 놓여있다고 한다. 인생각본은 유아기에 그려진 자신의 인생에 대한 계획이다. 인생각본은 유아기 시절 부모로부터 받은 가르침과 영향에 의해 만들어진 초기 결정들로서 성인이 될 때까지 우리 안에 계속 남아 있는 인생의 시나리오이다. 폰 프란츠(2017)가 말했던 것처럼, 많은 경우 유아기 때 미래의 자신의 모습에 대해 상상하거나 공상한 것이 대부분 이루어지게 된다.

우리는 유아기에 세운 인생계획을 의식하지 못하고 따르려고 한다. 즉, 인생각본은 무의식적인 인생계획으로서 인생의 중요상황 속에서 우리의 행동과 선택에 결정적인 역할을 한다. 아동은 생사여탈권을 갖고 있는 부모와의 관계 속에서 인생각본을 만들기로 결단을 한다.

그런데 아동기 때 스스로 만든 인생의 계획이 충분히 검토하고 전후 사정을 객관적으로 탐색해서 만든 것이 아닌 아이의 좁은 시각과 생각 속에서 결정된 것이라는 것이 문제이다. 아동은 부모와의 관계 속에서 시나리오를 만들어 내고 이것을 반복하게 되면 아동은 평생 동안 간직할 무의식적인 인생의 계획을 완성하게 된다. 성인이 되어서 우리의 현재의 행동들 중 많은 것이 우리가 어떠한 각본을 아동기에 만들었는가와 초기의 결단이 어떠했는가에 따라 그 결과로 오는 것이다. 우리는 스트레스를 받으면 무의식중에 유년기 때 만들어진 인생각본을 재연하는데 이러한 것은 바로 유년기의 생존전략을 재현함으로써 현재의 스트레스에 대응하려고 하는 모습이다.

인생의 각본에는 초기(초기의 결단), 중기(각본 메시지), 후기(인생각본의 기원) 그리고 결말 각본(비극적 각본의 결말)이 있다(Stewart, 2000)

❖ 초기의 결단(Early Decisions)

아이가 인생 계획을 만드는 것은 부모와 주변 환경에 의해서만 결단되는 것이 아니라 이들 외부적 압력에 대한 반응으로 결단이 이루어진다. 동일한 `문이다. 아이는 각본을 만드는 결단을 사고나 인지를 통해서가 아닌 비언어적인 정서반응의 형태로 만들어진다.

❖ 각본 메시지(Script Messages)

부모는 아이의 각본형성을 통제할 수 없지만 아이에게 보내는 각본 메시지를 통해 직접적인 영향을 미치게 된다. 여기에 언어적, 비언어적 메시지가 있다. 아이는 생애초기에 전달되는 부모의 접촉과 애착의 형태와 같은 비언어적 메시지를 각본결단의 기반으로 사용한다. 언어적 메시지는 '안돼' '나가 버려' '너 같은 바보가 어디 있니?'와 같은 부정의 메시지부터 '괜찮아' '사랑해'라는 긍정의 메시지가 있다.

❖ 인생각본의 기원

아이는 불안하고 예측이 안 되는 상황 속에서 적응하기 위해 생존방식으로 인생각본을 만들게 된다. 초기의 각본은 아직 미완성된 것으로 부모와의 관계 속에서 얻게 되는 불안, 공포, 분노, 절망, 환희 등의 감정을 토대로 각본의 조각들을 만든다. 마술적인 사고 속에서 자기중심적으로 세상을 보는 아이는 불쾌하고 불안한 상황을 대처하기 위해 시험적인 각본 결단(tentative script decision)을 만들어낸다. 그러다가 몇 번의 반복을 통해 자신에게 무언가 문제가 있고 잘못 되었다고 받아들이고 더욱 각본을 구체적으로 만든다.

❖ 비극적인 각본의 결말

유아기 때 만든 인생각본의 결말은 자살, 자해, 살인이나 상해, 정신적으로 문제를 발생하는 것으로 이어진다. 그러나 이와 같은 각본이 실행에 옮겨지는 것은 아니고 무의식적으로 발생할 수 있는 최악을 상황을 상정하고 자신을 위험으로부터 보호하려고 한다.

이러한 유아기에 형성된 인생의 각본은 인생에 대한 4가지 기본적인 심리적 자세를 가져온다(최광현, 2008).

① 나는 OK가 아니며 너는 OK이다

Harris는 이것이 초기 아동의 보편적 상황이고 유아기의 자연스러운 형태라고 본다. 유아는 누군가로부터 도움을 받아야만 하는 존재이다. 유아는 이러한 최초의 인간관계를 통해 엄마와 밀착된다. 그러나 엄마와의 건강한 애착관계를 통해 분리가 이루어지면서 이러한 심리적 자세를 버리게 된다. 그러나 성인이 되어도 이런 유형의 심리적 자세를 맺는 사람이 있다. 이러한 사람은 자기 자신에 대한 자존감이 낮으며 만족하다고 생각되는 사람에게 의지하려고 한다. 다른 사람으로부터 칭찬과 인정을 받으려고 애를 쓰기 때문에 열등감에 빠지기 쉬우며 우울해 하는 성향을 보인다.

②나는 OK 이며 너는 OK가 아니다,

부모로부터 냉담함과 지지와 수용을 경험하지 못한 사람들에게서 볼 수 있는 인생의 심리적 자세이다. 이런 사람은 남을 잘 의심하며 보통 일상 속에서 기분이 좋은 일이 거의 없다고 느끼며, 심리적으로 위축되고 어떤 것에도 의미를 부여하지 못하고 부정적이 된다.

③ 나는 OK가 아니며 너도 OK가 아니다

Harris는 이 상태가 아동이 부모로부터 잔인하게 학대 받은 경험이 있는 경우 생겨난다고 한다. 이런 유형의 사람이 느끼는 유쾌한 감정은 다른 사람의 위로와 수용에서부터 온 것이 아니고 그 자신의 위로에서 온 것이다. 그는 스스로에 의해 위로 받고 기분 좋은 상태가 된다. 이 유형의 사람들은 다른 사람과 일정한 거리를 두려고 하고, 자신의 인생이 무가치하고 절망적으로 느끼게 된다.

④ 나는 OK이며 너도 OK이다.

이것은 가장 건강하고 희망 있는 상태이다. 교류를 하는 쌍방 모두 만족할 수 있는 동등한 위치에서 직접적인 상호관계를 맺을 수 있는 심리적 자세이다.

인생각본은 유아기의 생존전략이 확장된 삶의 방식으로써 아동은 기본적인 생존의 욕구 외에도 다른 사람의 접촉에 대한 욕구가 있다. 스트로크, 즉 접촉의 욕구는 위로받거나 지지받는 신체적인 접촉과 정서적인 접촉을 의미한다. 인생각본이 어떤 종류인가에 따라 긍정적, 부정적 접촉 중에 무엇을 얻고 싶어 하는지를 구별할 수 있다.

언어로써, 신체적 접촉으로써, 쳐다봄으로써 이루어지는 긍정적 접촉은 접촉을 주는 사람이 받는 사람을 유쾌하게 하려고 주는 접촉을 말한다. 긍정적 접촉은 “나는 OK이며 너도 OK이다”의 심리적 자세로 성장하게 해주는 원동력이 된다. 부정적 접촉은 받는 사람이 불유쾌하게 되거나 환영받지 못한다고 느끼는 것을 말한다. 부정적 접촉을 받으면 아동은 성장에 장애를 받게 되며 자존감이 상실되게 된다. 이를 통해 아동은 “나는 OK가 아니다”라는 심리적 자세를 소유하게 된다(최광현, 2008).

(3) 재결단과 상처 입은 내면아이

교류분석은 내담자가 자신의 삶의 패턴을 인식하여 새로운 각본을 형성하도록 결단을 내리게 한다. 여기서 말하는 새로운 결단이란 내담자 스스로가 정한 결단이다. 결단의 과정을 통해 내담자의 부모자아와 아동자아가 왜곡된 것으로부터 벗어나 성인자아를 성장시킨다(Harris, 1967). 왜곡된 부모자아와 아동자아를 회복시키고 성인자아를 해방시켜 내담자로 하여금 과거의 영향으로 제한된 삶의 모순성들을 새로운 선택의 가능성으로 변화시킨다. 이를 통해 유아기 형성된 인생각본의 변화를 가져오게 한다.

내담자로 하여금 새로운 삶의 결단을 내리도록 성인자아를 해방시키는 상담의 과정은 4가지 분석에 있는데 그것은 구조분석, 의사교류분석, 게임분석, 생활각본분석이다. 내담자를 변화시키는 과정은 4가지 분석을 진행시키는 과정으로써 상담계약과 재결단이 필요하다. 재 결단은 내담자가 잘못된 초기결단을 재 경험하고 새롭고 더욱 건강한 결단을 내리도록 도움을 준다.

교류분석은 문제의 시작이 어린 시절에 있으며 이 시기 속에서 인생의 각본이 만들어지게 된다고 본다. 인생각본은 유아기에 그려진 인생에 대한 시나리오이다. 인생각본은 단순히 개인의 차원에만 머무는 것이 아닌 가족체계 차원으로 확대될 수 있으며 유아기에 세운 인생각본의 반복이 유사하게도 가족체계 안에서 반복될 수 있다는 것을 인식하였다. 브래드쇼는 아동자아와 인생각본의 개념을 통해 상처 입은 내면아이가 가족체계 안에서 가족의 각본을 갖고 있다고 보았다. 이러한 가족의 각본에는 일정한 역기능적 패턴이 있으며 이러한 패턴을 통해 만들어지는 상처 입은 내면아이를 변화시키려고 하였다. 인생각본은 아동기에 평생 동안 간직할 무의식적인 인생의 계획이라면, 가족체계 안에서 만들어지는 가족각본은 역시 가족체계 안에서 여러 세대의 전수과정 속에서 무의식적으로 만들어지는 각본이다. 가족각본 안에는 다세대적 전수의 흐름을 보았으며 가족각본을 다세대적 각본과 연결시키어 볼 수 있다. 인생각본이 어린 시절의 가족환경 속에서 만들어지는 과정 속에서 가족의 영향을 무시할 수 없듯이 가족각본은 분명히 이전 가족체계의 깊은 영향을 통해 만들어지는 것이다.

4) 가족치료와 내면아이 : 가족의 트라우마

독일의 대표적 문학가로 노벨문학상을 수상한 헤르만 헤세(Hermann Hesse)는 그의 책 『황야의 늑대』에서 “그러나 실제로는 그 어떤 나도, 심지어 가장 단순한 나조차도 하나의 통일된 존재가 아니다. 나는 지극히 다채로운 세계이며 하나의 작은 우주다. 수많은 형식과 단계와 상태들, 물려받은 유산과 가능성이 혼란스럽게 뒤섞인 카오스다.”라고 말하였다. 우리의 내면세계는 우리 스스로가 걸어온 인생의 길에서 얻은 결과물이 아니다. 우리의 내면세계는 수많은 사람들의 경험과 자의식, 앞서서 살았던 수많은 선조와 그들이 남겨준 생물학적, 사회적 유산의 결과물이다. 우리 인간은 모두 누군가의 아들이거나 딸이고 우리가 속한 가족사의 일부이다. 우리의 조상과 부모를 연결시켜주는 가족사에는 긍정적인 부분과 함께 고통스럽고 아픈 상처가 놓여있다. 가족들로부터 받은 상처와 아픔 그리고 이러한 상처를 다루어왔던 방식들이 가족사에 담겨져 있다.

『주역』『곤패』 “서리를 밟으면 단단한 얼음이 온다.”는 말이 있다. 서리가 내리는 가을이 왔다면 얼음이 어는 겨울이 머지않았다는 뜻이다. 서리도 내리기 전에 얼음이 어는 일은 없다. 모든 일은 순차적으로 그리고 점진적으로 쌓여서 이루어진다. 한 가족의 갈등과 고통은 일정한 역사를 갖고 있다. 가족의 문제가 어느 날 갑자기 발생한 것이 아니라는 말이다. 가족문제의 핵심 중에 하나가 가족 안에 내려오는 정서적 유산이다. 긍정적인 유산도 존재하지만 많은 경우 이것은 일종의 카르마이다. 우리가 어떤 방식으로 여러 세대에 걸친 전이를 알게 되고, 자기 가족의 과거를 더 많이 알게 될수록 가족 안에 내려오던 정서적 유산이 만들어낸 고통과 문제로부터 벗어나게 된다.

대물림이라는 주제를 다루는 가족 트라우마(family trauma)는 한 인간에게 깊은 고통과 아픔을 주지만 정작 본인은 그 고통의 뿌리를 알지 못 할 수 있다. 가족 안에서 벌어지는 모든 일들은 가족구성원 전체에게 깊은 영향을 미친다. 가족 안에서 발생한 트라우마를 직접 경험한 가족만이 아닌 존재마저 모르는 가족으로, 태어나기 훨씬 전에 존재했던 인물일지라도 무의식적으로 영향을 받는다.

이전 세대에 발생한 가족의 불행은 가족구성원들의 정체성을 형성하는데 영향을 미친다. 예를 들어 만약 할머니가 자살을 하면 이것은 모든 가족구성원들에게 죄책감, 수치심, 분노, 슬픔과 같은 부정적 감정에 사로잡히게 만든다. 자신의 어머니의 자살을 받아들여야 하는 부모는 깊은 상처를 받게 되고 자책감 속에서 살아가게 된다. 부모세대는 평생 깊은 상실감과 슬픔 속에서 살아야 하며, 죄책감과 수치심으로 고통을 받는다. 부모의 계속되는 죄책감과 수치심은 우울증을 비롯한 다양한 증상의 원인을 제공하게 되며 정서적으로 힘들어하는 자녀들을 양산하게 된다. 가족 안에는 언제나 자살에 대한 두려움과 공포가 존재하며 가족 안에서 또다시 불행이 발생할 수 있다는 불안을 공유하게 된다.

따라서 맥골드릭(2007)은 가족의 정서과정을 이해하기 위해서는 여러 세대에 걸친 '가족생활주기'를 탐색해야 한다고 말한다. 가족은 서로 다른 장소에 살고 있더라도 최소 3세대에서 최대 4세대까지 하나의 정서체계를 공유한다. 맥골드릭(2007)은 "가끔은 여러 세대에 걸쳐 똑같은 사건이 가족 안에서 반복하여 발생하는 것은 신비로워 보인다"고 하였다. 과거 세대에 일어났던 일이 반복적으로 다시 발생하는 데에는 '가족비밀'이 있다. 가족비밀을 통해 가족 안에서 발생한 가족 트라우마의 경험은 직접적인 경험을 한 가족들만이 아닌 다음세대의 가족들에게 깊은 영향을 미치게 된다.

가족의 역사 속에서 발생한 가족 트라우마(family trauma)는 강한 반복성을 가지며 트라우마의 '대물림' 현상의 직접적인 주요 원인이 된다. 유기체인 가족체계는 이전 세대로부터 생물학적이고 사회적인 유산을 받아서 다시 다음세대에게 전달해준다. 이러한 생물학적이고 사회학적인 유산은 개인과 가족의 삶의 유형과 질을 결정하는 중요한 요소가 된다. 가족 트라우마와 가족 대물림의 연쇄과정은 한 개인과 가족 모두에게 복잡하고 깊은 갈등과 위기를 불러 오게 된다. 헬링어(Hellinger, 1994, 2002)는 가족 트라우마가 매우 강력한 대물림의 연쇄과정을 불러일으키며 관계성 속에서 전이와 투사의 과정을 통해 '얽힘(Verstrickung)'을 일으킨다고 지적한다. 그 동안 가족심리학의 분야에서 가족 트라우마의 주제는 중요 주제는 아니었다. 관계체계와 의사소통체계, 자존감, 자아분화, 가족생활주기, 가족응집력 등과 같은 연구주제에 비해 충분히 연구되지 못하였다. 대물림이라는 다세대전수의 주제 속에서 보웬(Bowen, 1976)과 맥락적 가족치료에서 보스조르메니-나쥐(Boszormenyi-Nagy, 1999) 등이 가족 트라우마를 연구 하였다. 오늘날 심리학은 가족의 상처가 현재와 미래의 삶에 지속적으로 영향을 미친다는 전제에서 출발한다. 과거의 경험이 미치는 영향력의 중요성은 보편적인 전제 중에 하나이다.

(1) 가족 트라우마와 가족의 비밀, 가족신화

프랑스의 심리학자 티스롱(Tisseron, 2005)은 가족 안에서 발생한 트라우마가 가족비밀(Family Secret)과 밀접한 관계를 갖는다고 말한다. 가족비밀은 가족 안에 무언가 일어나고 있지만 모두가 알면서도 아무도 거론하지 않는 것이다. 즉, 모두 알고 있지만, 그것의 존재를 애써서 외면하거나 잊고 살도록 암묵적으로 강요받는 분위기를 의미한다. 가족의 비밀은 커다란 트라우마의 고통 속에서 도저히 말할 수 없는 경험을 하는 것에서 시작한다. 트라우마를 경험한 당사자는 수치심과 죄책감의 고통으로 자신들이 경험한 사실에 대해 입을 다문다. 그러한 고통스러운 사실을 가족들이 알게 됨으로써 상처받게 될 것을 염려해서 더욱 침묵을 지키려고 한다(Tisseron, 2005).

왜 이런 가족비밀이 존재하는가? 가족비밀은 현재의 가족시스템을 유지하기 위해 변화가 일어나지 않도록 하기 위한 수단이다. 변화에 대한 두려움이 가족으로 하여금 고통스러운 사건이나 문제에 대해 부인하게 만든다. 가족은 변화에 저항을 한다. 가족시스템에는 일종의 관성이 있어서, 지금까지 항상 해오던 방식을 고수하려는 경향을 갖는다. 이러한 가족시스템의 경향을 '항상성(homeostasis)'이라고 부른다. '같은 상태'를 늘 유지하려는 경향성이다.

가족 모두가 고통스러워하면서도 가족비밀을 계속 유지하게 하는 힘은 무엇인가? 관성이다. 즉, 모든 것을 이전과 똑같이 유지하려고 하는 경향이다. 변해야 할 필요성을 분명히 알지만 설정되어 있는 역할과 패턴은 어떤 고집스런 습관보다도 더 깨뜨리기 어렵다. 가족은 비밀을 통해 이전과 똑같은 상태를 스스로 고수하려고 할 뿐만 아니라 서로의 습관적인 역할과 태도, 행동도 더 강화시키려고 한다.

다른 가족구성원들에게 '심리적 부담을 주지 않으려고' 은폐하려는 의도는 완전히 밝혀지지 않더라도 어떤 식으로든 표면으로 나온다고 설명한다. 티스롱(2005)은 비밀을 간직한 사람은 양가적 갈등에 휩싸이는데, 내적으로 비밀을 지키고 싶은 마음과 반면에 비밀을 털어놓음으로써 자유로워지고 싶은 마음 사이에서 갈등을 겪게 된다고 한다. 그렇게 함으로써 가족구성원들과 의사소통을 하면서 무의식적으로 파편적으로나 부분적으로 비밀을 노출시키게 된다. 특히 자녀와 같이 비밀을 간직한 사람과 정서적으로 유대의 끈이 강할 수밖에 없는 경우에 비밀의 영향을 많이 받게 된다. 예를 들어 형제가 자살을 하였을 경우 부모는 자녀들에게 이 사실을 숨기려고 한다. 그러나 마음 한편에는 비밀을 털어놓고 싶은 욕구에 시달리고 이것은 부분적으로 자녀에게 노출되게 된다. 자녀는 가족 안에 비밀이 있지만 그런 비밀이 존재한다는 것을 생각할 수도 없고 말해서도 안 되는 상황에 직면하게 된다. 자녀는 삼촌에 대해서 말 할 수 없다는 것을 감지하고 뭔가 있다는 사실을 느끼면서도 그 사실을 제대로 분명히 밝히는 것이 금지당할 때, 이런 상황을 헤쳐 나가는 과정에서 이중성을 띠게 되고 내적 갈등과 혼란의 주요한 원인이 된다고 말한다.

가족비밀은 자녀에게 자신들이 느끼고, 지각되는 것을 부인하도록 암묵적으로 요구하기에 자녀들은 감정의 마비를 강요받는다. 한센병에 걸리면 신경이 죽어 손가락이 잘려나가도 아무런 통증을 모르는 것처럼, 가족비밀 속에서 의심, 불안, 분노, 슬픔, 무기력 다양한 부정적 감정을 발생시키지만 늘 표현하지 못하게 된다. 이런 가족의 아이들은 정서적 한센병에 걸린다. 혼란스럽고 감당할 수 없는 감정을 부인하도록 요구받으면서 차츰 감정의 감각이 마비된다. 분노와 고통을 느낄 때 "그런 감정을 느껴서는 안돼" 라고 반응한다. 부모는 아이들에게 "네 감정은 중요하지 않아"라는 것을 가르치며 자기의 감정과 욕구를 느끼거나 표현하지 못하게 한다.

가족비밀의 반대가 가족신화(Family Myth)이다. 즉, "합의된 거짓말" 이다. 가족비밀은 은폐가 핵심이라면 가족신화는 일부 사실을 과장하거나 덧칠하는 것을 말한다. 가족신화를 통해 가족의 일부 사실이 확대, 축소됨으로 가족의 역사가 새롭게 창조된다. 가공되고 새롭게 창조된 가족의 역사를 실제 가족의 역사로 믿도록 강요되고, 무엇보다 자녀들은 무언가 알 수 없는 의문과 질문을 억압해야 한다. 결국 가족신화도 가족구성원들에게 감정의 마비를 가져오고 정서적 한센병을 야기한다.

가족트라우마는 가족비밀과 가족신화의 메커니즘을 통해 다음 세대에게 고통을 대물림하는 악순환이 발생한다. 왜냐하면 가족비밀은 비밀을 유지하기 위해 어쩔 수 없이 또 다른 비밀을 만들어내고 이것을 지키기 위해 가족체계 전체가 왜곡될 수 있기 때문이다.

(2) 가족 트라우마와 가족 충성심

가족은 우리가 어머니의 자궁에서 나오는 순간 우리에게 주어진 매트릭스이다. 가족은 유전자와 기억 속에 그리고 내면화된 세계관과 자아상 안에 늘 함께한다. 우리는 가족에 의해 생각과 행동이 각인되고, 사랑과 충성심을 통해 가족에 얽매인다. 가족은 우리의 모습을 만들어내는 형판이다. 가족은 우리가 걸어가야 할 길을 제시하고 우리는 출생 초기부터 이렇게 주어진 길을 따라 걷는다. 부모가 원하는 것이 곧 법이고, 우리가 원하는 것이 된다. 우리가 간절히 바라는 욕망의 뿌리에는 부모의 욕망이 있다. 라깡은 말하길, 자녀는 부모의 욕망을 복제한다고 하였다. 우리가 갖고 있는 욕망도 순수하게 우리의 것이 아닌 부모의 욕구를 무의식적으로 받아들인 결과 일 수 있다.

아이는 부모의 돌봄으로 가족과 밀접하게 연결되어있다는 것을 느낀다. 자녀는 이러한 연결을 사랑이라고 느끼고 행복으로 받아들인다. 이러한 연결은 가족 안에서 소속감을 형성하게 하며 가족에 대한 충성을 유지하게 한다. 아동에게는 선한 것과 악한 것의 기준이 없다. 아동에게서 그의 속한 가족이 선하다고 여기는 것은 다 선한 것이 된다. 여기서 그의 가족과의 단단한 소속감을 유지하기 위해 충성심이 작용한다. 가족 안에서만 충성심이 집단을 지탱시켜주는 역할을 하지 않는다. 가족 외의 집단인, 직장, 사교단체와 같은 다른 집단 안에서도 이러한 충성심은 아주 중요하다.

보스조르메니_나쥐(1984)는 자녀는 부모의 돌봄을 받으면서 부모에 대한 신뢰와 사랑을 얻게 된다고 하였다. 자녀는 부모에게 같은 방식으로 돌봄을 돌려 줄 수 없지만 부모에게 충성심(Loyalty)을 보임으로써 자신이 받은 것을 갚으려고 한다고 말한다. 가족에 대한 충성심은 유아기에 형성되어 그 어떤 계약보다 더 오래 그리고 강하게 유지되는 것이다. 가족에 대한 충성심은 일반 사회와 인간관계 안에서 볼 수 것과는 전혀 다른 성질을 갖는다. 무엇보다 자유로운 선택이나 해지가 불가능하다. 부모가 자녀를 출산한 것 외에 아무것도 주지 않아도 부모와 자녀 사이에는 충성심이 존재한다. 가족에 대한 충성심은 사랑, 부모를 만족시키고 싶은 욕구 등으로 다양하게 기능을 한다.

자녀가 부모에게 갖는 충성심은 자녀로 하여금 부모에게 충성하게 하면서 동시에 성장했을 경우 다음 세대의 자녀들을 돌보도록 이끈다. 자녀는 부모가 자신들에게 베푼 사랑과 돌봄을 결혼하여 부모가 되었을 경우 역시 다시 다음 세대에 돌려주게 된다. 따라서 자녀들이 갖는 충성심은 역시 주고받음의 인간 윤리에 포함된다. 그런데 이러한 주고받음의 윤리 속에서 부모가 자녀들에게 자신들이 준 것을 받으려고 할 때 역기능이 발생하게 된다. 보스조르메니_나쥐(1986)는 부모가 자녀들에게 되돌려 받으려고 하면 자녀는 소위 부모에게 이용당하거나 착취당하게 된다. 부모가 자녀에게 비현실적인 기대를 하면 자녀는 관계윤리의 방식에 따라 충성심을 통해 부모가 바라는 것을 수행한다.

예를 들면 스포츠스타에 대한 꿈을 이루지 못한 부모는 자녀가 열심히 운동해서 스포츠스타가 되기를 기대한다. 자녀는 부모의 욕구에 의해 운동 연습을 하게 되고, 이 때 자녀는 자신의 욕구에 충실하기 보다는 부모의 기대에 먼저 반응하면서 성장하게 된다. 부모는 자신의 욕구를 자녀가 보이는 의존성과 충성심을 이용하여 충족하려고 한다. 그러면 부모에 의해 착취당한 자녀의 충성심은 거짓자아를 형성하여 자신의 욕구를 제대로 돌보지 못하는 결핍된 상태로 성장하게 한다. 여기서 자녀는 부모가 어떻게 자녀에게 의존성과 충성심을 이용해서 자신의 욕구를 채우는지를 배우게 된다. 이것은 세대전수로 이어지게 된다. 자녀는 충성심 속에서 부모에게 착취당한 것을 자신들의 자녀에게 다시 되돌려주게 된다. 따라서 가족의 문제는 다세대적 관점 속에서 얽히게 되고 역기능의 패턴을 계속해서 전수되게 된다. 자기의 욕구가 차단당한 자녀는 상처 입은 내면아이를 형성하게 되고 이것은 다세대적 전수의 과정을 통해 과거의 가족의 문제가 현재와 미래 가족구성원들에게 반복될 수 있게 한다.

헬링어는 가족 안에는 '무의식적 충성심'이 작동하며 이것이 가족에게 벌어지는 고통스러운 일의 주요한 원인이 된다고 말한다. 우리는 누구나 가족 체계 안의 한 구성원이며 어떤 이유로든 가족의 기본원리로부터 벗어날 수 없기 때문이라고 한다.

역기능적인 가족체계 안에서 상처 입은 내면아이가 가질 수 있는 충성심에는 두 가지 형태가 있다. 그것은 '분열된 충성심'과 '강박적 충성심'이다. 분열된 충성심은 자녀가 부모 중 한명에 대한 충성심을 희생하면서 다른 부모에게 충성을 다할 때 생기는 현상이다. 이러한 상황은 부모가 서로 갈등하는 상황에서 나타난다. 어머니와 아버지가 갈등하면서 자녀를 서로 자기편으로 끌어들이려고 한다. 여기서 한쪽 부모를 택하게 되면 자녀는 다른 한쪽 부모에게 충성심을 포기해야 한다. 그러나 자녀는 부모 모두에게서 자신의 생명에 대한 빚을 지고 있다. 자신에게 생명을 준 부모는 자녀 입장에서는 죽을 때까지 이 빚을 갚을 수 없다. 부모 중 어느 쪽도 버릴 수 없다. 여기서 자녀가 부모 중 어느 한쪽에만 충성할 수밖에 없는 상황을 충성갈등이라고 한다. 부모를 힘들게 하는 반항아마저도 그 내면에는 부모에 대한 깊은 충성심이 바탕을 이루는 것을 보게 된다. 겉으로 드러나는 모습은 거칠고 반항하는 모습이지만 그 내면에는 오히려 부모에 대한 깊은 사랑과 충성심이 숨겨져 있는 경우가 있다.

부모에게만 의존하던 아이가 사춘기가 되면 또래집단과 어울리면서, 부모보다 또래집단에 대한 충성심을 택할 것인지, 아니면 계속해서 부모에 대해 충성심을 가질지를 선택해야 한다. 이와 같은 모습은 대인관계 안에서 반복되는 갈등이다. 그런데 어린 시절 가족 안에서 분열된 충성심을 가진 사람은 기존의 충성심을 버리고 재형성하는데 어려움을 갖는다.

많은 비행청소년들이 가족을 거부하기 보다는 가족에 대한 깊은 사랑에서 그들의 비행이 이루어지게 된다. 가족관계 안에서 자녀는 부모의 결혼생활이 붕괴되는 것을 막아보기 위해 스스로를 희생시키는 경우가 있다. 자녀가 문제아의 역할을 담당하여 반항적으로 행동함으로써 아버지와 어머니가 억압하고 있는 드러내지 못한 분노를 대신 떠맡을 수 있다. 이러한 아이는 가족의 희생양이 된다. 가족을 구하기 위한 자녀의 문제행동은 무의식적이며 애정과 죄의식이라는 동기를 통해 이루어진다. 그러나 가족에게는 이러한 희생양들이 언제나 문제아로 낙인이 찍히며 가족의 골칫거리로 여겨진다. 가족치료는 이러한 가족의 희생양이 갖는 문제행동이 역기능적인 가족체계를 유지시키는 하나의 장치라고 본다.

다음으로 상처 입은 내면아이가 갖는 충성심에는 강박적 충성심이 있다. 충성심에는 일반적으로 두 가지로 다시 구분된다. 눈에 보이는 충성심과 눈에 보이지 않는 충성이다. 눈에 보이는 충성심은 선물 등을 부모에게 주는 것과 같이 직접적으로 나타나는 충성심이다. 반면에 눈에 보이지 않는 충성심은 잘 관찰되지 않는 충성심이다. 이것은 강박적 충성심으로 나타난다. 강박적인 어머니 밑에서 자란 자녀가 부모가 된 후 역시 똑같이 강박적인 행동을 따라한다. 부모의 알코올 중독과 가정폭력에 진저리가 난 아들은 한 가정의 가장이 되었을 때 자신도 모르게 아버지의 모습을 행사한다.

가족이나 부모 중에 누군가 불행한 삶을 살다 가면 가족 중에 누군가 보이지 않는 충성심으로 불행한 삶을 산 가족을 따르려는 경향이 있다고 한다. 어머니의 자살에 대해 죄의식을 느끼는 자녀는 역시 강한 자살의 충동을 느낀다. 누군가 가족으로부터 추방당하면 역시 가족 중 누군가가 가족으로부터 추방당한 사람과 자신을 동일시하여 따라한다. 이렇게 병리적으로 가족 중에 어느 한 사람의 비극을 따라하려는 사람에겐 보이지 않는 충성심이 작동을 하며 무의식적으로 가족관계 안에서 불행한 가족의 삶과 운명에 고착 되어 있는 것이다. 가족관계 안에서 고착을 형성한 사람은 신체적, 정서적 성장과 발달이 힘들고 문제를 갖는다.

(3) 가족 트라우마와 세대 간 전이

가족에서 발생한 트라우마는 '반복'의 악순환을 통해 과거에 발생했던 사건과 경험이 현재와 미래에 속한 것으로 만들어 대물림의 악순환의 사이클이 유지되게 만든다. 마츠(Maaz, 2008)는 과거의 가족트라우마가 가족전체에 영향을 미치는 부정적 행동 패턴에 투사의 메커니즘이 존재한다고 말한다. 어린 시절 무기력할 수밖에 없던 아이가 가족 안에서 받았던 트라우마는 성인이 된 후 다른 사람에게 투사되는데, 이러한 현상을 '전이감정'이라고 말한다. 특히 상처 입은 내면아이는 높은 감정전이의 경향성을 갖는다. 트라우마의 기억이 감정전이를 통해 의식 밖으로 드러나게 되면 현재의 상황에 과거의 경험과 감정, 생각들이 올라오게 된다. 매킨타이어(McIntyre, 1999)는 이때 감정전이를 통해 무의식적으로 과거의 사건과 유사한 각본을 만들어내게 된다고 말한다. 예를 들어 가정폭력을 행사하는 여성이 절대로 가정폭력을 행사하는 남자와는 결혼하지 않겠다고 결심하지만 결국 가정폭력을 행사하는 남자와 결혼을 한다. 이 여성은 치료가 불가능한 아버지와 달리 남편은 변할 것이며 치료되어 자기를 사랑해줄 수 있다고 믿게 된다. 여성은 현재 속에서 과거의 아버지를 무의식적으로 재연하게 되었고 프로이트가 말하는 '반복강박(repetition compulsion)'을 재연하게 되는 것이다. "우리는 감정전이 자체가 반복의 한 단편이라는 것을 안다. 그것은 잊고 있던 과거를 의사에게뿐 아니라 현재 상황에서 다른 면들에 반복적으로 감정전이를 하는 것이라는 사실을 인식하게 되었다(McIntyre, 1999)."

감정전이의 다른 형태가 투사이다. 이것은 상처 입은 내면아이가 대인관계 안에서 반복하는 주요한 관계방식이다. 투사란 심리적 현상의 하나로 어디서나 볼 수 있으며 피할 수도 없는 것이다. 모든 투사는 무의식적으로 일어난다. 우리의 무의식적인 것은 반드시 투사된다. 사실상 모든 것이 무의식적이고 그래서 투사의 가능성은 아주 크게 남아 있다. 그래서 칼 융(2016)은 한 사람의 내부에서 일어나는 일들이 무의식의 영역을 벗어나 의식적인 것으로 전환되지 않을 때 그것은 외부에 운명이라는 형태로 드러난다(투사의 형태로 드러난다)라고 말한다. 투사의 핵심은 무의식적인 것은 억압되거나 투사된다는 것이다. 투사는 일부러 하는 것이 아닌 자연적으로 이루어지는 것이다. 이 세상의 모든 인간관계들은 투사를 통해 이루어지지만 투사가 가장 강렬하게 나타나는 것은 부부의 관계이다(Maaz, 2008).

상대방에게 끌리는 이유가 상당부분 부모의 imago에 의해서이다. 그리고 그 무의식적인 이미지는 잠재적인 파트너에게 투사되고, 마침내 그 투사를 받아들이고 견딜 수 있는 사람을 발견하고 결혼에 이른다. 사람들이 그런 부모의 이미지의 깊이나 위력을 알 수 없는 이유는 그것이 무의식적이며, 무엇인가에 대해 깊이 생각하고자 하는 의식의 능력이 생기기도 전에 프로그램되어 버렸기 때문이다. 가족 트라우마는 가족의 비밀을 통해 트라우마를 다음 세대에까지 이어지게 만들고 이것은 투사의 메커니즘을 통해 현재 가족관계 안에서 갈등을 유발 할 수 있다.

가족 안의 갈등에는 수많은 다양한 요인들이 거미줄처럼 얽혀 있다. 드러나는 문제와 숨겨진 것 등 다양한 요인을 파악해야 한다. 개인이나 가족을 대상으로 한 치료에서 치료적 전제가 있다.

부부가 갖고 있는 문제에는 그들 각자에게 내려오는 전통, 낡은 규칙, 파괴적인 전이가 영향을 미치고 있다는 것이다. 트라우마가 발생하게 되면 전이는 가족 간에 발생하고, 세대 간에 발생한다. '가족 간 전이'는 삶의 고통스러운 문제와 제대로 처리하지 못한 감정이 한 가족에게서 다른 가족구성원들에게 옮겨가는 것을 말한다. '세대 간 전이'는 한 세대에서 다음 세대로 이동하는 현상이다. 상처 입은 내면아이는 세대 간 전이의 대상으로 가족 간 상호작용 속에서 무의식적으로 전달된다. 이러한 세대 간 전이를 발생시키는 것으로는 가족 안에서 발생한 트라우마이며, 이 트라우마가 또 다른 트라우마를 일으키는 얽힘을 일으킨다. 여러 세대에 걸친 이러한 작용력은 무의식적으로 작용되기 때문에 의식의 영역에서 다루기 힘든 경우가 많다. 우리가 어떤 방식으로 여러 세대에 걸친 전이와 가족 간에 발생한 전이를 알게 되는지 간에 중요한 건 자기 가족의 과거를 더 많이 알고 이해할수록 또 자신이 어떤 오래된 가족사에 연루되어 있는지를 많이 알수록 얽힘으로부터 벗어날 수 있다.

어린 시절 부모 중 한 쪽을 잃어버린 아이는 자신이 버림받았다는 느낌, 상실감, 불확실성, 불안감을 경험하게 되며 이러한 감정들은 아이로 하여금 세상을 부정적으로 바라보게 만든다. 그리고 그 아이가 성인이 되어 결혼을 하게 되어 부모가 되었을 때 자신도 모르게 무의식적으로 자신의 부정적인 감정을 드러내게 되고 이것은 가족들에게 커다란 고통의 원인이 될 수 있다. 이것은 상대방의 성격과 기질, 인격의 부분으로 받아들이게 되고 가족전체에 부정적인 행동의 패턴을 만들어 낼 수 있다. 내면에 상처 입은 감정과 결핍된 욕구는 현재 가족을 대상으로 해결하려고 그러면 그럴수록 가족들은 원인을 알지 못한 채 고통 받으며 또 다른 상처 입은 내면아이를 만들어내는 토양을 만들어낸다.

과거는 우리 모두에게 상당한 영향을 미친다. 그리고 아무런 상처도 없이 완전히 과거로부터 벗어나기란 어렵다. 하지만 이러한 한계성에도 불구하고 상처 입은 내면아이를 만들어 내는 가족의 고리를 무기력하게 계속 이어나갈 수밖에 없는 것은 아니다. 우리는 부모의 잘못과 실수가 되풀이되지 않도록 스스로 노력할 수 있다. 상처 입은 내면아이 위한 중요한 치료적 전제는 자신의 삶과 부모와 조부모의 삶 사이에서 유사점을 발견할 때 그리고 지금까지 무엇이 그들을 잘못된 길로 이끌었는지를 인식하게 될 때 비로소 문제를 극복할 수 있다는 것이다. 불행의 반복성을 탐색하기 위해서 대개 한 가족의 2세대, 또 필요하면 3세대를 대상으로 작업을 진행하면서 가족을 고통스럽게 하던 개인적, 가족의 트라우마들에 대한 통찰을 얻게 되며 반대로 가족을 다시 봉합시키는 힘과 사랑을 알게 된다. 탐색에는 언제나 과거를 발견하는 과정이 선행되어 가족이 안고 있는 모든 비밀과 신화, 금기들, 여러 세대를 걸친 반복적 현상을 먼저 알아내는 것이 필요하다.

자신의 어린 시절의 결핍과 부모와 조부모의 인생여정을 많이 알수록 부정적인 가족 전이를 더 잘 이해하고 또한 악순환으로부터 벗어날 수 있다. 여기서 상처 입은 내면아이는 과거의 파괴적인 행동에서 벗어나 새로운 의미를 찾아가게 된다.

그린란드 에스키모족 주술사 안가안가크 리베르트의 말이다.

“치료란 네 안에서 조상들이 다시 살아나는 것이다. 모든 인간은 조상으로부터 났음을 잊지 말아라. 그네들은 좋은 일도 하고 나쁜 일도 했으며 그 뿌리는 지난날로 더욱 멀리 거슬러 올라간다. 나는 나와 마주한 사람에게서 그 부모의 이야기만 보지 않는다. 그 사람 안에는 두 명의 할아버지와 두 명의 할머니도 살고 있다. 네 세대만 거슬러 올라가도 서른다섯 명의 서로 다른 조상 등의 '얼'이 그 사람 안에 살며 영향을 미친다. 그네들은 그의 일부이기 때문이다(Konrad, 2013)."

루퍼트(Ruppert, 2007)는 가족 트라우마를 네 가지로 정리한다.

❖ 삶이 위협받는 트라우마
전쟁으로 인한 잔학행위 경험
교통사고
테러나 강도에 의한 피해자경험
정치적, 군사적 억압의 경험
증상: 극심한 괴로움, 공포증, 우울증, 강박행동 등 다양하게 발생

❖ 상실 트라우마
가정과 직장을 잃음
경제적 파산
사랑하는 사람을 잃음
증상: 허무감, 우울증, 자살충동

❖ 소속감 트라우마
소속해야 할 곳에 소속할 수 없게 된 경험으로 나타나는 트라우마
어린아이가 부모 한쪽이나 양쪽 모두와의 관계를 맺지 못하거나 관계 맺기 과정이 망가질 때
심각한 질병에 의해서나 신생아 치료실에 갇혀 있거나 해서 자녀가 생후 3년 동안 어머니와의 신체접촉을 못한 경우
부모에게 성적 학대를 당했을 때
부모와 자녀사이에 극심한 융합관계가 형성될 때
부모가 알코올이나 약물 등에 중독되어 있을 때
가정폭력. 학대가 발생했을 때
증상: 약물중독, 정신 신체적 알레르기, 경계선 장애 등과 같은 증세발생

❖ 가족 내 범죄가 발생한 트라우마
가족 안에서 심각한 범죄가 발생하는 경우이다. 이것은 가족구성원들에게 충성갈등을 발생시키기 때문에 가족체계는 절망적인 상태에 놓이게 된다.
가족 내에서 살인이 발생하는 경우
가족원이 죽음을 맞을 수 있는 상황에서 충분한 도움을 주지 못했을 경우
어린아이가 굶어 죽도록 놔두거나 생명에 위협을 받고 있는 가족원을 돕거나 구해주지 않을 경우
어머니나 아버지가 결혼이나 장기적 동거관계에서 얻은 자녀를 버리거나, 포기하거나, 인식하지 못했을 때
증상: 자살충동, 이혼, 파산, 정신병, 암등과 같은 심각한 질병발생

살펴본 가족 트라우마는 상처 입은 내면아이를 만들어내는 전형적인 역기능적인 가족체계를 유지하도록 한다. 즉, 상처가 또 다른 상처를 만들어내는 것이다. 가족 안에서 이전 세대에 발생한 트라우마는 단지 그 당시만 영향을 미치는 것이 아닌 지속적으로 세대와 세대를 통하여 상처의 후유증을 만들어낸다. 상처 입은 내면아이는 세대전수를 통해서 다음 세대로 이어질 수 있는데 그것은 역기능적인 가족체계가 세대전수 되기 때문이다.

천문학의 시간과 공간을 초월하게 해준다. 내가 지금 망원경을 통해서 보는 조그마하고 희미한 별빛은 수천 년 전부터 오고 있는 빛이다. 지구와 하늘 사이의 거리로 인해 수천 년 전에 반사되었던 별빛을 보게 되는 것이다. 시간과 공간은 가족관계에서도 적용이 된다. 한 가족의 역기능, 주고받음의 불균형, 가족관계의 착취와 왜곡, 학대, 방임, 중독, 폭력 등은 겉보기에는 현재적인 것이지만 이러한 관계패턴은 이미 수 세대를 걸쳐 진행되고 있는 악순환의 패턴이다. 가족 관계 안에 있는 과거의 불행했던 경험들을 관계패턴의 틀 속에서 볼 때, 단순히 가해자 피해자의 도식이 아닌 순환하는 관계도식으로 보게 된다. 대부분의 가족의 상처와 불행은 세대에서 세대로 전달된다. 이러한 맥락에서 상처 입은 내면아이는 가족 트라우마라는 메커니즘 속에서 세대와 세대를 통해 이어진다. 즉 상처 입은 내면아이를 가졌던 부모는 자신도 모르게 무의식적 투사과정을 통해 자녀에게 상처 입은 내면아이를 물려줄 수 있다.

2 상처 입은 내면아이의 기본 개념

2. 상처 입은 내면아이의 기본개념

1)내면아이는 무엇인가?

한 젊은 부인이 상담을 받으러 왔다. 그녀는 남편을 죽이는 강박적 환상에 시달리고 있었다. 연애기간을 통해 서로의 사랑을 확인하고 결혼하였고 나름 행복한 결혼생활을 하고 있었다. 그런데 이 여성은 남편이 잠들었을 때 갑자기 남편을 칼로 죽이는 환상에 사로잡혔다. 사랑하는 남편을 잔인하게 죽이고 싶은 이러한 충동적 환상은 그녀를 무척 혼란스럽게 하였다. 남편에겐 전혀 문제가 없었고 더구나 그녀는 현재의 결혼생활에 만족하고 있었기 때문이었다. 결혼 전 그녀는 한 가지 깊은 고민이 있었다. 그녀는 대학에서 더 교육을 받아서 자신의 직업적 성취를 이루려는 꿈이 있었다. 하지만 남편의 직장을 따라 새로운 도시로 이사를 왔고 자연스럽게 그녀의 꿈은 잊혀졌다. 이 여성은 자연스럽게 전업주부로서의 생활에 적응해서 잘 살고 있었다. 외형적으로 모든 것이 완벽하게 잘 돌아가는 듯 하였으나 그녀의 강박적 환상으로 이런 완벽함을 깨어지게 되었다. 상담과정을 통해 그녀 마음 안에 교육을 더 받아서 자기만의 직업적 성취를 이루고자하는 열망이 있다는 것을 알아차렸다. 그리고 용기를 내어 남편에게 사실을 털어놓았고 남편은 아내의 선택을 허락해주었다. 사실 남편이 이렇게 쉽게 허락해줄 주는 몰랐다. 남편의 동의하에서 새롭게 결혼 전의 꿈을 성취하기 위해 도전하게 되었고 그녀를 늘 괴롭히던 강박적 환상이 사라졌다. 이 여성의 강박적 환상은 신경증으로 여겨질 수 있다(Sanford, 2010). 그녀의 무의식은 내면의 열망을 잊지 말라고 꿈과 환상을 통해 그녀에게 메시지를 보낸 것이다. 그녀가 자신의 내면의 소리를 듣고 알아차리게 되었을 때 더 이상 신경증은 의미가 없어지게 되어 사라지게된 것이다.

이 여성의 사례는 무의식이 어떻게 우리의 자아인 의식에 메시지를 보내는지를 잘 보여준다. 그녀에게 메시지를 보낸 것은 무의식이며, 더 나아가서 무의식에 있는 콤플렉스이기도 하다.

내면아이치료는 그녀에게 메시지를 보낸 대상이 그녀 내면에 있는 '아이 child'라고 말한다. 심리적인 갈등의 억압된 부분이 의식화될 때 치료가 일어나는 것처럼, 내면아이의 존재가 인식되어야 하고 내면아이의 감정이 존중되어야 한다.

프로이드가 만든 메타포인 내면아이는 무의식에 있는 인격을 설명하는 개념이다. 프로이트가 말한 과거의 경험이 현재의 자아에 영향을 미칠 수 있다는 견해는 더욱 다양한 전문가들에 의해 발전하게 된다. 본래적 내면아이는 상처 입은 내면아이가 아닌 경이롭고 창조적인 능력을 지닌 인격이다. 칼 융은 그런 인격을 '신성한 아이(divine child)'라고 불렀고 에릭 번은 '자연적인 아동(natural child)'라고 하였다. 도널드 위니컷은 '참자기(true self)'라고 하였고, 브래드쇼는 '경이로운 내면아이(wonderful inner child)'라고 불렀고, 화이트필드(Whitfield, 2007)는 '내재아(the Child Within)'라고 표현했다. 미실다인(Missildine, 2006)은 '과거의 내면아이(the inner child of the past)'라고 하였고, 독일의 가족치료사 담(Dahm, 2009)은 '내면의 몰이꾼'이라고 말하였으며 이렇듯이 내면아이는 다양한 이름으로 불리어지고 있으며 여러 용어로 혼용되어 사용되고 있는 개념이다.

'신성한 아이'는 창조적인 능력을 가진 건강한 인격이다. '자연적인 아이'는 순수하고 솔직하며 누구의 눈치도 보지 않는 자연스러운 자기의 감정과 욕구를 표현하는 인격이다. '참자기'는 거짓

자기를 형성하지 않아서 자신의 감정과 욕구를 가식 없이 표현할 수 있는 아이로 성장한 인격을 말한다. 세상에 태어난 유아는 어머니와 막 애착을 형성하면서 자신이 세상을 창조했다고 하는 과대자기 속에서 전능감에 대한 욕구를 갖는다. 이 때 엄마가 아이의 욕구를 지나치게 좌절시키지 않고 아이의 욕구에 민감하게 반응해줌으로써 전능감의 욕구를 형성하게 된다. 반면에 충분히 좋지 않은 엄마인 경우 아이의 욕구를 채워 주지 못하고 결과적으로 참자기의 발달을 저해하게 되고 거짓자기를 형성하게 한다. ‘경이로운 내면아이’는 상처를 입지 않은 자연 그대로 건강한 모습을 의미하는 것으로 내면아이의 긍정적인 모습을 나타낸다. 이 내면아이는 세상에 대한 호기심과 경이로움으로 가득 차 있으면서 믿음과 희망을 가지고 있으며 자신의 자연스러운 감정과 욕구를 숨김없이 표현한다.

프로이트는 어린 시절의 상처가 반복될 수 있다는 ‘반복강박’을 제기함으로써 어린 시절의 상처가 현재와 미래의 삶 속에 깊은 영향을 미친다는 개념을 열어 놓았다. 칼 융은 의식의 전 단계로써 의식과 무의식을 연결시켜주는 전의식(Vorbewusstsein)의 상태를 잘 설명할 수 있는 것이 어린 아이라고 말하였다. 어린 아이의 의식에 강하게 영향을 받는 원형을 ‘신성한 아이(the divine child)’라고 불렀다. ‘신성한 아이’는 천사의 모습을 하고 있으면서 동시에 고집 세고 공격적인 원형의 일종이다. 성인임에도 불구하고 미성숙하고 유치한 행위에 사로잡힌 사람은 내면 아이의 부정적인 부분에 사로잡혀 있는 것을 나타낸다(Jung, 1966).

폴(Paul, 2013)은 내면아이는 우리의 인격 중에서 가장 약하고 상처받기 쉬운 부분을 의미하는 것으로, 감정을 우선시하는 '직감적인 본능'이라고 말한다. 즉 내면아이는 '마음으로 느끼는 감정'이다. 우리 모두는 내면에 상처받기 쉬우며 직관적이며 본능적인 내면아이가 있다. 개인적인 삶의 위기와 갈등에 노출되었을 때 내면아이는 직면한 위기와 갈등 속에서 과거의 '미해결과제(unfinished business)' 와 '아직 채워지지 않은 욕구들(un-met needs)'와 만나게 된다(오제은, 2005, 2009). 이러한 과거의 미해결과제와 해소되지 못한 욕구는 현재 당면한 문제와 갈등과 더해져서 내담자에게 감당 할 수 없는 고통을 줄 수 있다. 브래드쇼(2003, 2004)는 칼 융의 원형이론을 토대로 내면아이를 상처받은 내면아이와 경이로운 내면아이로 분류해서 설명한다. 상처 입은 내면아이(the wounded inner child)는 '적응된 자기(adapted self)', 이기적, 유치하고 지적, 감정적 성장을 거부하는 상처 입은 내면아이를 자기로 받아들일 때 인생의 고통이 계속된다고 말한다. '경이로운 내면아이(the wounderful inner child)'는 진정한 자기(true self), 창조적 아이, 흥겹게 노는 아이, 영적인 아이, 순진하고 자발적, 창의적인 내면의 아이를 살려내어야 진정한 자기 발견을 할 수 있다. 상처 입은 내면아이는 우리의 가치와 관계체계의 가장 핵심에 자리 잡고 있다. 어린아이의 성장이 저지되거나 상처를 받았을 때의 감정들이 그대로 성인이 된 후에도 내면 안에 남아서 숨기면 숨길수록 지나치게 반응, 반항하면서 인간관계에서 고통과 상처를 주고받는 패턴을 반복한다. 이는 성장하면서 단계마다 적절한 욕구충족이 이루어지지 않으면 과장된 자아, 또는 상호의존적인 자아로 변하게 된다는 뜻이다. 브래드쇼(2004)에 의하면, 우리는 한 때 모두 어린아이였다. 어린아이 시절 경험한 끔찍한 상처는 사라지지 않고 현재와 미래의 삶에 영향을 미치게 된다. 마음의 상처는 거의 의식되지 못한 채 우리의 삶을 결정한다. 내면에 남아 있는 이 어린아이의 감정이 가족관계, 인간관계를 망치거나 사회생활에 어려움을 가져다주며 무엇보다 자존감에 커다란 손상을 가져다준다. 즉, 가족관계에서 극단적이고 고집이 센 병적인 부모 역할 등이나, 사람 의존 중독이나 혹은 중독증세 등을 나타내게 된다. 상처 입은 내면아이의 증상에는 상호의존, 폭력적, 무절제한 행동, 자기애적 인격 장애, 신뢰상실, 마술적 믿음, 친밀감 장애, 중독, 강박적 행동, 사고의 왜곡, 공허감, 무관심, 우울 등이 있다. 브래드쇼(2004)는 현재의 가족관계, 대인관계에서의 모든 갈등의 가장 큰 원인은 바로 아직 치유되지 않은 '상처 입은 내면아이'로 인한 것이며, 만약 우리가 그 내면 아이를 자각하고 돌보지 않는다면 그 아이는 성인이 된 우리의 삶에 계속적인 악영향을 끼치면서 어린 시절의 상처를 반복하게 될 수 있다고 말한다.

모든 대인관계와 가족관계 그리고 학교나 직장과 같은 조직 안에서 벌어지는 문제의 원인은 '내면아이' 에서 기인한다. '내면아이' 중에서도 우리 안에 있는 '상처 입은 내면아이'이다.

인간관계 안에서 수 없이 벌어지는 작은 비난, 무시, 놀림, 외면, 소외, 몰이해는 성인인 우리에게 늘 끊임없는 내면적 힘을 요구하는데 즉, '레질리언스 (resilience)'로 회복탄력성을 필요로 한다. 그러나 어린 시절 상처를 경험한 사람은 '상처 입은 내면아이'를 갖게 되고 이것은 '레질리언스'를 떨어트리고, 스트레스에 취약하고 작은 상처에도 민감하게 반응을 하여 문제해결을 어렵게 만든다. 현재 받은 작은 상처의 경험은 과거의 상처를 덧나게 하고 하지만 정작 본인은 이것을 인식하지 못한 채 반응을 하게 된다. 어린 시절 받은 상처는 그대로 내면에 남게 되고 부정적인 감정들이 억제된 채로 내면에 자리를 잡고 있다가 화가 나거나 상처를 받았을 때 활성화된다. 겉보기에는 현재의 사건과 경험에 대해 반응을 하는듯하지만 속은 아이의 상태로 살아간다. 이 아이의 감정을 지배하는 것은 폰 프란츠가 지적한 거인이다. 상처 입은 감정은 거인처럼 파괴적이고 상대를 집어삼키려 하는 아이로 만든다. 어린 시절의 상처를 그대로 간직한 채로 성장한 내면아이가 사람들이 겪는 불행의 가장 큰 원인이 된다.

2) 상처 입은 내면아이의 특성

우리의 인격은 '어른'과 '아이'로 구별되는 두 측면이 존재한다. 이 두 부분이 잘 연결되어 있어 적절한 균형이 유지되면 내적 온전함(wholeness)을 경험하게 된다. 그러나 상처로 인해 '어른'과 '아이'의 인격이 제대로 연결되지 못하고 둘 사이의 균형이 깨어지게 되면 내면적으로 깊은 갈등과 긴장이 유발하게 된다. 깊은 상처로 인해 내적 균형이 깨어져 발생하는 상처 입은 내면아이는 불행을 끊임없이 반복하게 만든다. 브래드쇼(2004)는 '상처 입은 내면아이'의 특성을 다음과 같이 아홉 개의 개념으로 설명을 한다.

❖ 동반의존성(co-dependence)

일종의 '정체감 상실'로서 자신의 감정과 욕구와 희망 등을 자신이 원하는 대로 가지지 못하고 상대방의 눈치를 살피면서 지나치게 상대방에게 의존되어 있는 상태를 말한다. 동반의존성은 중독가족체계와 같은 역기능적인 가족관계 안에서 발생한다. 중독자인 가족구성원에게 지나치게 정서적으로 의존되어 있는 상태를 말하는 것으로 중독자에 의해 고통을 받지만, 역설적으로 그와 정서적으로 깊게 얽혀있는 상태가 된다. 이런 가족환경을 갖는 자녀는 자기존중감을 형성할 기회를 잃어버리게 되고 건강한 내면세계를 갖지 못한 채 성장을 한다. 동반의존적 행동은 어린 시절 마땅히 누렸어야했던 요구들이 채워지지 않는 상태로 자신이 누구인지 모르는 자의식을 갖게 만든다.

❖ 공격 행동(offender behaviors)

어린 시절에 폭력과 학대에 노출된 사람은 공격 행동이 나타나는데 그 이유는 내면에 있는 두려움과 분노 때문이다. 학대를 경험한 아이가 학대에 대한 대처는 가해자와 동일시이다. 또는 학대에 대한 피해자로서만 자신을 자각하는 것이다. 신체적, 정서적 폭력과 학대는 자녀들에게 대단히 고통스러운 환경으로 이런 환경 속에서 살아남기 위해 자신의 정체성을 잃어버리고 자신을 가해자와 동일시하여 생존한다. 내면에서 끊임없이 올라오는 분노와 두려움 때문에 자신의 공격적 행동을 정당화하고 모든 문제를 다른 사람들의 탓으로 책임을 전가한다.

❖ 자기애성 성격장애(narcissistic disorders)

어린 아이는 생애 초기에 무조건적인 사랑을 받으며 부모와 애착을 형성해야 한다. 그러나 꼭 받아야했던 부모의 사랑과 관심과 지지를 받지 못했을 때 형성되는 장애이다. 자신이 얼마나 사랑받을 수 있는 존재이며 환영받는 존재인지를 알기 위해 '건강한 자기애적 욕구들'이 제대로 충족되어야 한다. 이러한 욕구들이 충족되지 못하면 자존감은 심각한 손상을 당하고 자기중심적으로 변하고 손상된 내면아이는 사랑, 애정과 관심에 대해 만족할 줄 모르는 탐욕스러운 아이가 된다. 채워지지 않는 갈망과 결핍감은 아이의 욕구이기 때문에 결국 모든 관계가 엉망이 되고 파괴되고 만다.

❖신뢰 문제(trust issues)

양육자인 부모가 신뢰할 수 없는 사람이었다면 어린아이는 누군가를 신뢰하기 어려운 불신의 뿌리를 안은 채 성장한다. 아이에게 이 세상에는 믿을 수 있는 존재는 아무도 없고 위험하고 적대적인 곳으로 인식된다. 그래서 어느 누구도 마음속 깊이 믿지 않고 받아들이려고 하지 않는다. 이러한 신뢰의 문제는 친밀관계에서 문제를 야기한다. 사회적으로 표면적인 관계가 아닌 친밀관계를 형성하기 위해서는 상대를 신뢰하고 받아들이지 못하기 때문에 진실한 친밀관계를 갖지 못하고 외롭고 고립된다. 신뢰문제는 누군가를 믿지 못하는 것도 있지만 누군가를 너무 쉽게 믿고 지나치게 신뢰하는 것도 포함된다.

❖ 외적 행동(Acting Out), 내적 행동(Acting In)

상처 입은 내면아이가 갖는 대표적인 특징은 감정시스템의 손상이다. 어린 시절의 상처는 아이가 자연스럽게 느껴야할 감정을 손상시키게 된다. 이러한 감정시스템의 손상은 외적 행동, 내면적 행동 등 두 가지로 나타난다.

외적 행동: 분노, 두려움, 슬픔 같은 감정을 느끼었을 때 이것들을 자연스럽게 받아들이고 적절하게 반응하지 못하고 외부적으로 비정상적인 행동으로 표출하는 것을 말한다. 내면에 올라온 감정들은 적절하게 해결되거나 표현되어야 하는데 건강하게 해소되지 못하고 비정상적인 행동을 통해 배출된다. 예를 들어 기쁠 때 오히려 가까운 사람들에게 화를 내는 것도 한 예이다.

내적 행동: 외부대상에게 표현해야할 감정을 자기 자신에게 향

하게 하여 자신을 학대하거나 처벌하는 것을 말한다. 어린 시절 학대를 경험했던 사람이 학대받을 때 올라왔던 감정들을 스스로에게 투사를 하여 자기 자신을 괴롭히는 것으로 프로이트가 말한 '자기에로의 전향'이라는 방어기제와 유사하다. 과거에 해결되지 못한 감정들은 외부로 향하지 못하고 내면에 쌓여 스스로를 괴롭히는 것이다. 이렇게 감정들이 안으로만 향하게 되면 위장장애, 두통, 목의 통증, 심한 근육긴장, 관절염, 심장병, 암 등으로 나타날 수 있다.

❖ 마술적인 믿음(magical beliefs)

10세까지 아이들의 사고는 마술적이다. 이 말은 자기중심적으로 세상을 본다는 것을 의미한다. 문명이 발달되지 못한 옛날 우리의 선조들은 기근과 천재지변이 왕이나 백성들이 부도덕하고 선하지 못해서 발생한다고 보았다. 오늘날 기근과 천재지변을 이런 식으로 해석하지 않는다. 마찬가지로 어린 아이는 부모가 싸우고 집 안에 안 좋은 일이 생기면 부모의 성격이 안 맞고 소통의 문제가 있다는 식으로 받아들이지 못한다. 아이는 자기가 착하지 못하고 공부를 잘하지 못하기 때문이라고 자기 탓을 한다. 아이의 마술적인 믿음은 모든 것을 자기중심적으로 받아들여 과도한 죄책감과 수치심에 고통을 받게 된다. 특히 역기능적인 가족의 부모는 더욱 아이들의 마술적인 생각을 강화시킨다. 마술적 믿음으로 가족의 문제를 해석하게 되면 죄책감과 수치심이 강화된다. 이러한 상황 속에서 아이들은 환상과 공상으로 현실의 고통을 잊으려고 한다. 내면아이가 상처를 입었을 때 그 아이는 환상과 공상으로 현실을 거부하고 신데렐라가 해피엔딩으로 끝났

듯이 자기도 그렇게 될 것이라고 하면서 비현실적 사고 안에 머물게 된다.

❖친밀감 장애(intimacy dysfunction)

다른 사람들과 사귀고 어울리며 친밀감을 형성할 수 있는 능력이 손상된 상태로서 그 뿌리에는 거절 받고 상처받을 것에 대한 두려움이 있다. 부모가 아이의 감정이나 욕구, 바람이 무엇인지 반응하지 않았다면 그것은 부모가 아이의 진정한 자아를 거부하는 것이다. 그러면 거짓자아가 만들어지고 주어진 역할을 수행하게 된다. 그러면 진정한 자기에 대한 인식이 없기 때문에 관계 안에서 친밀감을 형성하지 못하게 된다. 자기존중감과 자신감은 버림받는 것에 대한 두려움을 갖지 않게 하고 이것은 거절에 대한 두려움을 최소화시켜 다른 사람들과 친밀감을 형성하게 한다.

친밀감 장애는 단지 관계의 문제만이 아닌 성적인 문제를 유발할 수 있다. 역기능적인 가족 안에서 성장한 아이들은 건강한 성적 발달에 어려움을 갖는다. 성의 문제는 바로 친밀감의 문제와 직접적으로 연결되기 때문에 가장 친밀한 관계임을 나타내는 두 남녀의 성적결합이 정서적 교류 없이 신체적인 교류만을 형성하려고 한다. 여기서 '성적 대상화(sexual objectification)'가 발생한다. 이 말은 성적 파트너를 단지 하나의 생식기 이외에 다른 의미를 부여하지 않는 것을 말한다. 성은 두 남녀의 자연스러운 정서적, 신체적 교류이지만 신체적 교류만 있을 뿐 정서적, 감정적인 교류는 존재하지 않는다. 이런 경우 상대는 단지 성적 도구일 뿐이며 아무런 제약 없이 수많은 성적 대상을 찾고 변태적이고 혼란스러운 성적 자세를 갖게 된다. 이런 성적 대상화는 상대를 '타자화'하고 중독적 성관계에 탐닉하게 만들어 진정한 친밀감을 방해한다.

❖ 무질서한 행동(nondisciplined behaviors)

인생을 정직하고 스스로에게 책임감을 갖는 삶의 자세를 부모가 자녀에게 보여주면 질서 있는 삶의 방식을 배우게 된다. 반면에 그렇지 못하면 무질서하고 반항적이며 빈둥거리며 자기 욕구가 빨리 충족되지 못하면 고집을 피우고 생각 없이 충동적으로 행동한다. 부모의 삶의 자세가 지나치게 엄격하고 규율에 얽매여 있으면 자녀는 융통성 없고 지나치게 억제되거나 순종적으로 행동한다. 상처 받은 내면아이를 갖는 사람들의 대부분은 무질서한 모습과 엄격하게 억제된 모습 두 곳을 왔다 갔다 하며 살아간다.

❖ 중독적이고 강박적인 행동(addictive, compulsive behaviors)

상처 입은 내면아이를 갖는 사람들의 대부분은 각종 중독과 중독적인 행동을 보인다. 중독에는 약물, 알코올, 도박, 섹스 같은 중독이 있으며, 중독적인 행동에는 일, 쇼핑, TV 등과 같은 것들 포함된다. 중독의 가장 큰 원인은 상처 입은 내면아이이다. 중독은 삶에 위험한 결과를 가져오는, 기분전환을 가져오는 대체물과 병리적 관계를 갖는 것이다. 어린 시절의 결핍감에서 오는 만족할 줄 모르는 욕구와 욕망은 중독물질에 쉽게 빠져들게 만든다.

❖ 사고의 왜곡(thought distortions)

발달심리학자 장 피아제(Jean Piaget)는 아이들을 '인지적 이방인(cognitive aliens)'라고 보았다. 아이들은 성인들처럼 사고하지 않는다. 아이들은 모든 것을 '좋거나 나쁘거나'라는 흑백논리 속에서 본다. 그리고 어떤 것은 지나치게 일반화시켜 본질을 희석시키거나 아니면 너무 지나치게 섬세하고 예민하게 생각한다. 일반화와 지나치게 예민하게 생각하는 습관이 불러오는 것은 불안과 두려움이다. 이러한 사고의 틀은 끊임없는 불안과 두려움을 일상 속으로 가져온다. 이러한 사고에는 아이들이 갖는 자기중심적 태도가 자리를 잡고 있다. 상처 입은 내면아이를 갖는 사람은 어린 아이처럼 자기중심적으로 세상과 사람들의 관계를 본다. 이것은 지성의 문제가 아니라 내면 깊은 곳에서 어린 아이처럼 세상을 보기 때문에 일어나는 사고의 왜곡이다.

❖ 공허감, 무관심, 우울(emptiness, apathy, depression)

공허감과 우울증은 상처 입은 내면아이를 갖는 사람들의 핵심 감정이다. 상처 입은 내면아이는 자신이 누구인지, 진짜 나가 누구인지 모르기 때문에 거짓자아에 의해 만들어진 삶을 살아간다. 진정한 자아를 모르기 때문에 마음에는 빈 공간이 만들어지게 된다. 거짓자아를 통해 자기가 원하는 모습이 아닌 남들이 원하거나 요구하는 페르조나로만 살기 때문에 공허감은 삶의 활력과 에너지를 감소시켜 인생이 재미없고 무의미하다고 무관심한 삶의 자세를 띠게 만든다.

3)거짓자아와 내면아이

내면아이가 역기능적인 가족 안에서 주로 발생하는데, 예를 들어, 누군가가 오랫동안 질병을 앓고 있거나 정신적인 문제를 가진 가정, 지나치게 엄격한 가정, 냉랭한 가정 또는 역기능적인 양육방식을 갖고 있는 가정 등에서 성장한 어린 아이나 성인들에게 주로 발생할 수 있다.

가족체계론적 관점에 의하면 가족의 문제란 스스로 독립적으로 존재하지 않는다. 따라서 상처 입은 내면아이는 개인의 문제이기보다는 가족체계의 틀 속에서 볼 수 있다. 화이트필드(2007)는 상처 입은 내면아이가 형성되면 '거짓자아(pseudo-self)'가 형성된다고 말한다. 거짓자아는 타인의 정서적 압력에 쉽게 변하는 자아를 의미한다고 말한다. 따라서 독립적으로 생각하거나 판단하지 못하고 타인의 견해에 쉽게 동조하고 타인의 공격이나 비난을 회피하는데 급급하게 살게 된다고 한다. 거짓자아를 형성한 사람이 결혼을 하게 되면 적당한 가족규칙과 의사소통의 방식을 형성하는데 어려워 역기능적 가족체계를 형성할 수 있다고 말한다. 거짓자아는 우리 안에서 항상 '비판하는 부모'처럼 되려는 성향을 갖고 있으며 자연스러운 즐거움을 느끼지 못하게 하고 '강한 체' '능력 있는 체'하게 만들며 다른 사람을 신뢰하거나 믿지 못하게 만든다고 한다.

위니컷(1984)은 거짓자아는 아이가 절대적 의존이라는 욕구가 채워지지 못했을 경우 발생한다고 보았다. 브래드쇼(2004)는 자녀의 입장에서 받을 수 있는 큰 상처는 아이의 욕구가 채워지지 않고 부모가 바라는 모습에 의해 형성 되는 거짓자아라고 말한다.

❖ 어린 시절의 욕구
안정된 관계를 추구하려는 욕구
사랑 받으려는 욕구
독립하려는 욕구
존중 받으려는 욕구
능력을 인정받으려는 욕구
공감을 얻으려는 욕구
안정한 경계를 확보하고 방향을 설정하고 싶은 욕구
자신의 감정과 견해를 표현하고 싶어 하는 욕구
적절히 지지받으려는 욕구(Nuber, 2010)

이렇게 형성하게 된 거짓자아는 아이의 인생전체를 통하여 수많은 문제와 증상을 가져오게 하는 원동력이 된다.

Wardetzki, 2013는 더 이상 상처받지 않고, 사랑받고 인정받기 위해 만들어내는 것이 '거짓자아'라고 말한다. 거짓 자아는 상처받은 내면아이에게 일종의 가족체계 안에서 '방공호'와 같은 역할을 한다. 더 이상 상처받지 않고, 사랑받고 인정받기 위해 사람들이 자기에게 원하는 모습을 연출한다. 남들이 좋아할, 남들이 자기에게 의식, 무의식적으로 원하는 모습을 연출한다. 모범생, 영웅, 문제아, 광대, 잊힌 아이, 희생자가 된다. 누가 봐도 실수 한 번 하지 않는 완벽한 사람이 되면 그 누구에게도 버림받지 않고 무시하지 않을 거라고 생각한다. 이러한 역할의 가면은 자존감을 갉아먹는다. 자신의 진짜 모습을 거부하고 끝없이 다른 사람으로 보이려고 애를 쓴다. 거짓자아를 통해 자신의 불안을 억누르고 잊으려고 하지만 사라지지 않는다. 결국 자신이 만든 거짓자아와 진짜자아의 본래 모습 사이에 깊은 괴리감은 더 큰 상처에 노출되도록 하고, 실망하게 하고, 자기를 비하하게 만든다. 바르데츠키

(2013)는 거짓자아를 통해 자기의 상처 입은 내면아이를 부인하고 타인의 시선으로 살아가는 사람들에게 어린 시절의 상처는 '좀비 상처'가 될 수 있다고 말한다. 끝없이 되살아나는 좀비처럼 끝없이 우리를 괴롭힌다. 잊으려고 하고 상처의 기억 자체를 지운다고 해도 사라지지 않는다. 기억을 지우기 위해 얼마나 많은 정신적인 에너지를 빼앗는지 모른다. 우리는 고갈된 에너지로 지친 영혼을 따뜻하게 위로 받기 위해 위로자를 찾는다. 자신의 상처를 위로해줄 누군가를 찾게 되고 이것은 상호의존적인 관계를 형성하게 된다고 말한다. 거짓자아를 형성한 사람들이 상호의존적 자아를 만들어내고 관계성 속에서도 의존적인 관계를 형성하게 된다고 말한다. 상호의존적 자아는 우리의 마음을 위축되게 만들고 무기력하고 열등감에 사로잡히게 만들며 무의식적으로 반복적으로 무의식에서 오는 행동을 나타내게 된다. 거짓자아와 상호의존적 자아는 상처 입은 내면아이를 형성하게 된 사람이 해결해할 또 다른 고통이 된다.

3 상처입은 내면아이를 위한 인형치료

3. 상처 입은 내면아이를 위한 인형치료

1) 상징체계로서의 인형치료

(1) 무의식적 상징체계

정신분석의 시작은 프로이트와 요셉 브로이어와 함께 쓴『히스테리연구』에서 부터이다. 프로이트는 여기에서 히스테리 증상이 상징적 의미가 있다는 것을 밝힌다. 히스테리의 증상은 마치 꿈처럼 무의식의 내용물이 스스로를 상징적으로 드러낸 것이라고 하였다. 예를 들어 천식발작을 하는 환자는 집안의 공기, 즉 집안의 분위기를 견딜 수 없어서 신체적으로 이를 드러낸 것이다. 따라서 정신분석은 신체증상이 드러내고자 하는 무의식적 의미를 파악하는 것이 중요하였다. 상징체계를 분석하기 위해 프로이트는 자유연상을 개발한다. 정신분석에서 자유연상은 무의식이 만들어내는 풍부한 상징체계인 꿈을 분석하고 해석하는 것이 절대적인 가치를 갖는다. 칼 융은 그의 동료 한 사람이 러시아 기차여행을 할 때 철도 안내판에 쓰인 기묘한 키릴 문자를 가지고 몽상을 하다가 무의식 속에 있던 상징체계를 탐색하게 된 것을 주목하게 된다. 그의 동료는 꼬리에 꼬리를 물고 알 수 없는 상징체계를 통해 낡은 기억을 더듬게 되고 그중에는 애써서 묻어 두었던 과거의 기억을 직면하게 되었다. 칼 융(1996)은 이 사례를 통해 무의식을 드러낼 수 있는 것은 꿈을 통한 자유연상만이 아닌 다른 상징체계도 가능하다는 것을 인식하게 된다. 환자의 콤플렉스를 찾는데 꿈을 통한 자유연상만 반드시 이용할 필요가 없으며 꿈 역시 다른 무의식적 상징체계를 보여주는 하나의 수단이라고 밝히게 된다.

칼 융이 무의식을 분석하는 도구로 꿈에 대한 절대적 가치를 상대화시키고 다른 상징물도 무의식을 탐색할 수 있다는 인식은 심리치료에 큰 변화를 가져오게 된다(C.Jung, 2016). 대표적인 사례로 스위스의 정신과전문의 헤드만 로르샤흐가 고안한 로르샤흐 테스트이다. 잉크 얼룩을 이용한 테스트로 잉크 얼룩의 모양은 무의식을 탐색하는 도움을 준다. 꿈만이 아닌 미술, 모래, 예술 등의 상징체계가 자유 연상을 야기할 수 있다는 전제 속에서 다양한 치료모델들로 성장하게 된다. 인형은 역시 무의식을 드러나게 해주어 상징체계의 의미를 해석 할 수 있게 하는 치료적 도구가 된다.

우리의 마음속에는 평상시에 알아차리지 못하는 무수한 것들이 있다. 의식될 수 없는 곳에 있는 무의식은 엄청난 힘을 갖고 있으며, 우리의 삶의 대부분은 이 무의식과 깊은 관련이 있다. 이 무의식 속에서 의식이 발달되고 성숙하고 확장됨으로써 내면에 잠재되어 있던 모든 것들을 의식으로 표현하게 되는데 그 도구가 되는 것이 바로 상징체계이다. 이러한 무의식과 상징에 관심을 가지고 심리치료에 활용하는 상담이론 가운데 하나가 인형치료이다. 인형치료에서는 무의식을 표현하는 상징체계의 해석이 중요하다. 각각의 상징체계는 고유의 성격과 고유의 힘, 그리고 고유의 방향을 가지고 작용한다. 상징체계의 해석이란 상징이 가진 본래의 의미를 풀어가는 작업이 아닌 상징이 만들어지면서 작용하는 가운데 이미 해석되어 있는 무엇을 발견하는 작업이라 할 수 있다. 즉 상징체계의 해석이란 곧 상징이 해석한 것이 무엇인가를 파고들어가는 작업이라 할 수 있다. 무수히 많고 다양한 상징들을 경험하며 살아가는 오늘날의 사람들에게 있어서 상징체계의 해석 작업은 매우 중요한 것이다.

(2) 인형치료에서의 무의식과 상징체계

프로이트(2003)는 무의식의 개념에 있어서 어떤 표상이 의식에 나타나지는 않으나 의식에 영향을 미치고 있거나 어떤 형태로 의식에 나타날 때, 그 표상을 '잠재적인 상태로' 혹은 '무의식적으로' 존재한다고 말한다. 인간의 정신 속에 존재하는 모든 개념은 각기 자체의 심리적 연상을 지니고 있다. 이런 심리적 연상은 그 강도는 서로 다를 수 있지만 인간의 전인격이 수용하는 개념의 상대적 중요성에 따라 또는 우리의 무의식에서 그 개념이 연상시키는 관념에 따라 그 개념의 본래의 성격을 바꿀 수 있다. 칼 융(1996)은 무의식의 잠재적 측면의 중요성을 언급하며, 이런 잠재적 측면이야말로 의식의 보이지 않는 뿌리라고 한다.

이러한 무의식은 상징으로 스스로를 표현하고, 상징은 무의식을 표현하는 소통의 도구로서 다양하게 의식을 깨우려 하는 무의식의 자연스러운 본성이라 할 수 있다. 상징이란 인식 가능한 무엇을 통해 직접적으로 인식할 수 없는 다른 무엇을 상기시키는 것이라고 할 수 있다. 추상적 개념을 친숙한 경험에 투사하는 상징의 특징은 반대로 추상적 개념이나 원리의 구성에 있어서도 일정한 역할을 하는 것으로 여겨졌다. 이로 인해 상징이라는 말은 형이상학적 실재를 근간으로 하는 영역이나 인식의 가능함을 넘어선 초월적이고 신비적 차원을 표현하는 모든 학문과 예술 그리고 종교 안에서 널리 쓰여 왔다.

인형치료(Figure Therapy)는 동물인형과 가족인형이라는 두 종류의 상징체계를 사용하여 내담자의 무수한 감정, 욕구, 생각, 신념 등의 잠재적인 무의식을 표현할 수 있도록 돕는다. 인형은 원시시대부터 있었던 인간의 발명품 중의 하나로 의식주와 상관없는 심리적 도구라고 할 수 있다(최광현, 2013). 즉, 인간은 인형을 친밀함과 위안을 얻고 자기감정을 투사하는 상징체계로 사용해 왔다. 상징체계는 이미지로 구성되어 있으며, 비언어적인 의사소통의 수단이다. 리쾨르(Ricoeur, 1994)는 은유를 통해서는 전달될 수 없는 그 무언가가 상징체계 속에 있는데. 그것은 언어적이고 의미론적이며 논리적인 상징체계의 작용을 거부하는 것이라고 말한다. 비언어적인 언어로서의 상징체계는 전언어적인(pré-linguistique) 언어라 할 수 있는 이미지를 통해서 말하는 것이다. 인형예술의 미학적, 철학적 문제를 다루는 벤스키(Bensky, 1989)도 인형에 의해서 환기되어진 '현실'은 객관적인 현실이 아니라 주관적이며 상징적인 현실로, 상징은 인형에게 본질의 성질 자체인 것처럼 부과되지만 사실은 현실의 개념적 조형성이다. 즉 인형 상징체계는 시각적 이미지를 형상화시켜 놓은 것으로 이 안에는 일정한 상징체계가 내포되어 있다고 한다. 이러한 맥락에서 인형이라는 상징체계를 심리치료에 이용하게 된 것은 자연스러운 현상이라 할 수 있다.

(3) 인형치료와 동물상징체계

인간의 삶에는 무수히 많은 상징체계들이 존재한다. 특히 고대로부터 인간은 동물, 식물, 돌 등의 자연물을 상징체계로 활용해 왔다. 특히 이 가운데에서 인간의 상상작용으로 만들어진 동물의 이미지는 원시시대부터 현재까지 미적대상 이상인 인간정신의 반영으로 또는 친근한 존재나 숭배대상의 상징으로 형상화되어 왔다.

동물 상징에 대해 폰태너(Fontana, 1998)는 인간은 오직 동물세계에 주의를 기울임으로써 자신들 내부의 창조적 힘을 가장 효과적으로 발전시키거나 억제하는 법을 배울 수 있다고 말한다. 야페(Jaffe, 1996)는 『인간과 상징』에서 인간은 상징을 만드는 경향을 갖고 있으며 무의식적으로 물건이나 형태를 상징으로 만들거나 미술로 표현한다고 말한다. 인간은 상징을 통해 심리적으로 중요한 의미를 부여하는 것이다. 야페는 예술이 가지는 상징성과 그러한 상징성의 특성을 나타내기 위해 모든 시대를 통해 반복적으로 나타나는 세 가지 모티브가 있다고 말한다. 그것은 돌, 동물, 원이라고 말한다. 특히 고대로부터 자연물을 통한 상징체계는 인간의 역사와 함께 해 왔다. 그 가운데 인형치료가 동물상징체계에 주목할 수 있는 이유는 크게 다음의 세 가지 측면에서이다. 첫째, 동물은 다른 자연물보다 인간과 '심리적 동일성'을 가지고 있어 신화, 상징의 영역을 보다 잘 보여주고 있으며, 둘째로 동물상징은 '종교 상징'으로 개념화되는 과정을 통하여 인간과 사회적 맥락과의 연계성을 풍부하게 보여준다. 셋째는 동물에 관한 심리적. 종교적 상징이 표상인 시각적 이미지로부터 예술이 비롯되었다고 볼 수 있기 때문이다. 고대인들은 자신의 영혼과 숲의 영혼을 동시에 가지고 있다고 생각했다. 숲의 영혼은 야생동물이나 나무의 모양을 하고 나타난다고 믿었는데, 고대인들은 그것과 심리적 동일성을 가졌다. 이러한 동일성은 고대인들이 자연의 초월적인 개념이나 법칙에 접했을 때 자연에 대한 존경과 신앙으로 발전되었다.

인간은 예로부터 상상의 동물을 통해 절대적인, 완전과 같은 초인간적인 경지를 열망하는 인간의 바람을 표현해왔다. 또한 무의식의 원형(原型)을 예술로 표출시킴으로써 심리적인 안정을 얻을 수 있었다. 구석기 시대부터 현대에 이르기까지 동물의 힘, 민첩성, 용맹, 고집, 교활, 수호, 배반 또는 신체적 형태, 색, 습성, 거주지와 같은 다양한 이미지는 상징적으로 표현된다.

모든 동물들은 본능적 심혼의 일부를 나타낸다(von Franz, 2017). 우리는 심리학적 존재로서 원시시대로부터 수 천 년을 통해 내려오는 동물에 대한 기본적인 이미지의 패턴이 존재한다. 내담자가 동물인형을 통해 세우는 자기 가족의 모습은 동물에 대한 개인적 이미지와 원형적 이미지를 통해 자기의 가족에 대한 무의식을 의식 밖으로 끄집어내는 것이다. 이것을 통해 가족관계 갈등이나 어린 시절 해결하지 못한 부모자녀관계와 같은 무의식적인 내용을 나타내기도 한다(최광현, 선우현, 2016).

인형치료에서는 특히 정제되고 단순한 상징 언어인 동물상징체계를 활용하고 있다. 동물상징체계는 무의식 속에 있는 동물에 대한 개인적 이미지와 원형적 이미지로 내담자 자신의 트라우마를 의식 밖으로 꺼내어 진단평가를 할 수 있게 한다(최광현, 2015).

동물상징체계는 내담자가 가지고 있는 갈등을 언어로 표현하지 못할 때 자신의 생각과 감정, 의식과 무의식을 표출하기 쉽게 도우며 저항을 극복하는 수단이 되고, 내담자의 자아를 표현하는 상징체계가 될 수 있다. 이에 동물상징체계를 관찰, 탐색하는 눈을 갖는다면 무의식에 표현된 수없이 많은 에너지와 이미지의 흐름을 통해서 내담자의 가족관계의 갈등이나 무의식적인 외상으로 인해 지속적인 마음의 깊은 상처와 갈등과 문제를 가진 채 살아가는 내담자들의 특징을 알 수 있다. 이러한 이유로 동물상징체계는 인형치료의 진단과 평가, 개입에 있어 내담자가 가장 쉽게 사용할 수 있는 상담도구가 될 수 있다.

인형치료에서는 동물상징체계의 해석에 있어서 이미지를 심층적으로 분석하거나 해석하지 않는다. 또한 내담자가 상담자의 도움을 받으며 자신이 표현한 동물상징체계의 이미지의 흐름 속에서 관계적 차원을 살피고 주어진 맥락에서 이해한다(최광현, 선우현, 2016). 즉, 실제 동물이 가지고 있는 본질적 특성뿐만 아니라 이미지 그리고 인간의 개인적, 사회적, 문화적 맥락에 따라 해석되어야 한다는 것이다. 인형치료는 내담자 스스로 왜곡된 시각의 패턴을 알게 하고 변화를 원했을 때 관점의 왜곡을 불러온 문제체계를 다루면서 변화를 시도한다. 내담자의 양극단의 부정적 시각은 단지 시각과 사고의 단순한 형태에서 온 것이 아니다. 과거의 상처받은 나를 만나고, 더 이상 상처받지 않으려고 만든 방어 전략을 수정함으로써 변화가 시작된다. 불행에 대한 의미의 전환은 내담자에게 상처를 바라보는 새로운 시선을 제공한다. 상처의 궁극적인 목표 지점은 상처를 해결하는 것이 아니라 성장하는 것이다. 자신의 의지와는 상관없이 상처를 받았으나 그것에 대응하는 과정 속에서 뜻밖의 소중한 가치들을 얻게 된다. 문제와 갈등은 이러한 가치들을 발견하고 자기의 삶 속에 통합하게 하는 매개체의 역할을 한다. 인형치료는 무의식이 작용하는 상징체계를 이용하여 내담자의 자기 인식을 돕고 자기를 객관화시킬 수 있는 가능성을 제공한다. 내담자는 동물상징체계를 통해 자신의 문제를 좀 더 안전하게 만나게 됨으로써 자기 자신과 자기를 둘러싼 문제에 대한 변화를 얻게 된다(최광현, 선우현, 2016).

(4) 치료적 도구로서의 인형상징체계

인형은 인간이 원시시대로부터 의식주와는 상관없이 친밀감을 위한 심리적 도구로써 사용되어 왔다. 인형은 오랜 동안 우리 인간의 걱정과 불안을 덜어주고 마음을 치유하는 정서적 투사의 도구로 활용되었다. 과테말라의 부모들은 아이가 걱정과 불안에 잠들지 못할 때면 '걱정 인형'을 만들어 모든 걱정과 불안은 인형에게 맡기고 잠을 들도록 하였다. 인형은 인류의 오랜 역사 속에서 함께 했고, 현재까지 그 활용이 변화되고 있지 않다.

인형을 치료공간에서 사용하였을 때 내담자는 거부감 없이 치료에 응하며 본인도 모르게 자신의 무의식적인 욕구와 감정을 치료자에게 드러내 보인다. 인형은 언어적 상담의 한계를 보안해주며 내담자의 무의식을 드러내어주기에 치료적 작업에서 대단히 활용가치가 높다. 인형치료는 심층심리학, 가족체계이론, 트라우마가족치료의 이론을 바탕으로 만들어졌다. 인형치료는 심층심리학의 무의식과 상징의 개념, 가족체계이론의 체계적 사고, 트라우마 가족치료의 가족트라우마에 대한 이해를 전제로 한다. 이러한 이론적 전제를 통해 내담자의 무의식과 의식을 연결시키는 상징체계로서의 인형은 치료과정 안에서 다양한 임상적 경험을 제공할 수 있다.

인형치료는 상담과정을 인형으로만 진행하는 것이 아니다. 이런 의미에서 모래놀이치료와는 성격이 다르다. 상담사는 상담과정에서 초기, 중기, 종결과정에서 적어도 2-3회 정도 사용하는 것으로도 충분히 가치가 있다고 전제한다. 인형은 상담과정 속에서 시각적 효과를 제공하며 내담자와 깊이 있는 소통을 가능하게 하며 문제를 사정하고 진단하는 효율적인 도구가 되며 상담에 적극적이지 않는 내담자와의 상담에 좋은 도구가 된다.

내담자는 가족 안에서 경험한 수많은 무의식적인 재료들을 동물인형과 사람인형을 통해 표현한다. 인형은 내담자가 경험한 가족 무의식의 강력한 역동을 표현할 수 있는 생명력이 있는 무의식의 재료이다. 이 재료는 무의식 안에 있는 가족과 관련된 엄청난 에너지 체계, 상호작용, 갈등이나 움직임을 나타낸다. 인형은 가족의 이미지를 창조하고 또 발생한 이미지를 상징으로 이용하는 특별한 도구가 된다. 동물인형은 무의식을 표현하는 아주 정제되고 단순한 상징 언어이다. 인형으로 표현되는 가족의 모습은 가족 무의식이 내면의 드라마를 투사하는 화면이 될 수 있다. 훈련을 통해 인형의 상징을 관찰하는 눈을 갖게 되면, 우리는 무의식에서 거의 쉼 없이 흘러나오는 수많은 에너지와 이미지의 흐름을 알아차리게 된다.

심층심리학에 의하면 삶이 건강하다는 것은 의식과 무의식이 잘 균형 잡혀 있어서 상호관계를 잘 유지하고 있다는 것을 말한다. 건강한 삶이란 꿈, 환상, 상상, 의례 등과 같은 상징을 통해 의식과 무의식의 세계가 서로 만나 끊임없이 에너지를 교류하면서 상호작용을 원활하게 하고 있을 때 가능하다. 그렇지 못하면 신경증을 비롯한 다양한 증상과 파편화된 느낌, 의미의 상실 등을 발생시킨다고 본다. 인형을 통해 우리는 상처 입은 내면아이를 의식 밖으로 끄집어낼 수 있는 기회를 얻게 되며, 이를 통해 무의식과 의식을 소통하도록 하여 보다 균형 잡힌 삶을 가능하게 한다.

2) '쏟아진 옷장'을 정리할 수 있도록 돕는 방법 : 인형치료와 내면아이

상처 입은 내면아이치료의 다른 이름은 트라우마치료 일 수 있다. 어린 시절의 마음의 상처를 치료하기 위해 우리는 어린 시절의 트라우마를 만나야한다. 독일의 대표적인 트라우마 전문가인 피퍼(Pieper, 2014)는 우리의 트라우마를 '쏟아진 옷장'에 비유한다. 예고 없이 우리 인생에 찾아온 트라우마는 마치 옷장이 갑자기 쏟아진 것이라는 은유를 말한다. 쏟아진 옷장에 놀라서 옷장을 얼른 일으켜 세우고 물건을 그 안으로 마구 쑤셔 집어넣고 얼른 문을 닫는다. 옷장이 다시 세워졌지만 그 안은 엉망인 상태이기에 이제 정상적인 삶이 불가능해진다. 해결방법은 옷장 문을 열고 모든 물건들을 꺼내 제자리로 돌려보내는 것이다. 모든 옷가지를 정리하고 차곡차곡 제자리로 돌려보내는 작업을 하고 옷장 문을 다시 닫는 것이다. 피퍼(2014)는 트라우마치료도 이 옷장처럼 다룰 수 있다고 말한다. 상처 입은 내면아이의 내면에 엉망으로 엉클어져 있던 내용물들을 정리하고 문을 닫기 위해서는 직면이라는 힘든 작업이 놓여있다. 우리는 다시 기억하고 싶지 않은 과거의 상처를 만나야 한다. 상처 입은 내면아이를 가진 내담자는 상담사와 함께 내면에 '쏟아진 옷장'을 함께 정리하게 된다. 이런 작업을 통해 과거에 일어난 일을 이해하고 받아들이는 수용의 작용이 일어나게 된다. 그러나 상처 입은 내면아이에게 언어라는 치료방식이 갖는 한계는 너무나 분명하다. 상처 입은 내면아이는 언어를 통해 충분히 자기 내면 깊은 곳에 있는 상처를 만나는 것은 상담사에게도 매우 힘든 작업이다. 여기에 인형이라는 상징도구의 활용이 필요하다.

(1) 내면아이의 '감정의 매듭'을 위한 인형치료

역기능가족체계 안에서 상처 입은 내면아이는 수치심과 죄책감을 간직한 채 살아남게 된다. 그리고 이러한 수치심과 죄책감은 많은 마음의 병을 불러오고 삶 전체를 부인하도록 이끈다. 더 나아가 자기의심과 혐오, 우울, 고립, 외로움, 편집증과 정신분열, 강박충동, 자아분열, 완벽주의, 깊은 열등감, 실패감, 경계선 장애 등을 불러 올 수 있다. 자기의 감정을 부인하도록 이끌리는 삶 속에서 심리적 무감각 상태가 발생하게 되고 자신들의 감정을 마비당한 자녀들은 부정적인 부모의 이마고(Imago)를 형성하게 된다. 이것은 성인이 된 후 배우자의 선택과 부모가 채워주지 못했던 욕구를 배우자에게 충족하려는 투사의 메커니즘을 작동시킬 수 있다. 이전세대에서 발생했던 감정적인 욕구와 결핍을 상대방 배우자를 통해 해결하려 하면 부부관계와 가족관계는 갈등의 악순환에 빠지게 된다.

브래드쇼(2003, 2004)는 어린아이의 성장이 저지되거나 감정이 억제되었을 때, 특히 화가 났거나 마음에 상처를 받았을 때의 감정들이 사라지지 않고, 성인이 되어서도 그대로 내면에 자리 잡게 된다고 한다. 화나 있고 상처 입은 내면아이는 어른이 된 후에도 계속해서 그의 내면에 있는 감정들은 현재의 삶에 지속적으로 영향을 미치게 된다. 따라서 상처 입은 내면아이를 만나게 되는 작업에서 감정은 핵심적 주제이다. 상처 입은 내면아이는 어린 시절의 상처로 생긴 해소되지 못한 감정들이 가득하다. 우리에게 감정들은 생존을 위해 반드시 필요한 기본적인 의사소통방식이다. 감정은 인간의 가장 근본적인 힘이다. 우리는 기본 욕구를 방어하기 위해 감정적인 에너지를 통해 신호를 보내게 된다. 역시 상처 입은 내면아이가 활성화될 때는 언제나 감정을 통해서 일어난다.

화이트필드(2007)는 내면아이치료에서 감정에 대해서 정확하게 인식하고 그것을 건설적으로 다룬다는 것이 치료적 핵심요소라고 말한다. 따라서 내면아이치료에서 내면아이의 상처 난 감정을 탐색하는 것은 매우 중요한 치료적 단계이다. 역기능적인 가족체계 안에서 성장하여 상처 입은 내면아이를 갖게 된 사람들은 '아직 채워지지 않은 욕구들(un-met needs)'을 갖게 된다(오제은, 2005). 이런 욕구들은 심리적으로, 정서적으로 그리고 정신적으로 성숙하지 못하게 하고 자주 좌절감과 혼란스러운 감정에 휩싸이게 된다.

알렌(Allen, 2010)는 트라우마치료의 핵심은 신뢰관계 속에서 트라우마 경험을 이야기하는 것, 다시 말해 안정애착에서 치료 작업을 하는 것으로 귀착된다. 내담자를 상처 입은 감정에서 벗어나도록 하기 위해 내담자의 감정을 확인하고 또 안전하고 지지해주는 관계 속에서 그것을 경험하도록 만들어야 한다(Dahm, 2009). 내면아이의 상처 입은 감정을 다루는 작업을 피퍼는 '감정의 매듭'이라고 부른다. 피퍼(2014)는 내면아이를 위한 치료에서 내담자가 자신이 얼마나 힘들고, 두렵고, 불안했고, 혐오스러웠는지 감정 표현을 할 때 마다 상담사는 소위 '감정의 매듭'을 만들어야 한다고 제안한다. 인형치료는 상처 입은 감정을 시각적으로, 촉감으로 직면하게 해줄 수 있다. 감정을 단지 인지적으로 만나게 하는 것이 아닌 내담자의 전체적인 감각을 통해 만나게 하며 이를 통해 내담자는 자기 내면에 있는 깊은 감정을 대면하게 된다.

상담사는 인형을 통해 트라우마가 발생했던 지점에 위치하게 되고 감정의 매듭을 통해 내담자는 자신이 힘들어하는 것을 상담사가 이해한다는 것과 자신이 조금씩 그 힘든 것에 대해 이야기할 수 있다는 것을 알게 된다. 감정의 매듭은 내담자로 하여금 감정을 터트려서 울게 만드는 작업이 아니다. 오히려 통제되지 않는 감정에 질서를 부여해서 결과적으로 내담자가 자신의 감정을 통제할 수 있도록 돕는 것이다. "맞아요. 정말 힘든 순간이군요. 감정이 복받쳐서 말을 할 수 없네요. 그럴 수밖에 없어요. 지금 힘든 감정에 대해 더 이야기해줄 수 있나요?" 내담자는 스스로가 세운 인형의 위치, 자세, 모습을 통해 자신의 감정이 직면되어지고 그리고 다시 통제되어지게 된다. 상담사는 세워진 인형을 통해 내담자의 전체 이야기를 다시 묘사하게 된다. 내담자는 자신의 상처의 경험을 상담사의 입을 통해 다시 한 번 듣게 되면서 간접적으로 자기 이야기를 들으면서 다시금 통제감을 얻게 된다. 인형이라는 도구를 통해 내담자는 감정적으로 통제된 가운데 트라우마 상황에 다시 직면하는 경험을 얻게 된다.

(2) 내면아이 기억의 틈새 메우기를 위한 인형치료

화이트필드(2007)는 내면아이가 어린 시절의 트라우마와 관련이 있다고 말한다. 해소되지 못한 어린 시절의 트라우마는 정신적인 또는 정서적인 불만족이 내면에 축적되어 만성적인 두려움, 염려, 혼돈, 공허감을 경험하게 된다는 것이다. 미쉴다인(2006)은 부모의 양육태도와 유아의 성격발달과 장애가 내면아이를 만드는 주요요소라고 말한다. 어린 시절에 겪은 힘든 경험은 그냥 사라지지 않고 현재의 삶과 행동에 커다란 영향을 미친다. 미쉴다인(2006)은 우리가 어린 시절에 무엇을 경험했는가는 매우 중요한 것으로 그것은 현재 우리의 생각과 감정과 행동에 영향을 미치고 있다고 한다. 특히 해소되지 못한 욕구는 우리의 마음 깊은 곳에 언제나 남게 되어 어린 시절에 자기 몸에 밴 상처에 의해 성인의 일상생활을 살아 갈 수 있다고 말한다. 과거의 상처에 대한 기억은 우리의 몸에 깊은 기억의 흔적을 남기고 우리는 과거의 기억에서 벗어나지 못하게 된다. 내면아이는 우리의 어린 시절에서 비롯된 감정과 경험에 대한 기억이다.

신경심리학자 외스타슈(Eustache, 2009)은 어린 시절에 대한 기억은 과거에 일어난 사건을 기록해두는 대뇌 활동이 아니라 매 순간 변하는 현재와 다가올 미래를 대비하기 위한 '경험의 질료'라고 말한다. 따라서 현재의 상황이 변하면 과거의 기억도 얼마든지 바뀔 수 있다고 말한다. 즉 기억은 과거를 위한 것이기 보다 현재와 미래를 위해 존재한다는 말이다. 이러한 외스타슈의 견해를 바탕으로 보면, 우리의 어린 시절의 상처에 대한 기억은 현재를 통해 수정되고 변화될 수 있는 것이다. 톨레(Tolle, 2010)은 여기서

한 걸음 더 나아가 어린 시절의 상처에 대한 기억은 실제 과거와는 거의 관련이 없으며 오히려 현재의 상황과 더 많은 관계가 있는 것이라고 말한다. 우리는 기억을 불러낼 때마다 그것을 생생하게 만들었다가 다르게 변형시켜 다시 저장한다고 말한다. 기억을 되새길 당시의 기분, 상황, 감정, 관점에 따라 과거의 기억은 다른 색깔과 모양을 가질 수 있다는 말이다.

정리하면 다음과 같다: 트라우마의 기억 = 현재 일어난 사건 + 이전의 기억.

우리의 과거의 상처와 관련된 기억과 내면아이가 갖고 있는 기억은 완전히 객관적일 수 없다. 우리에게 영향을 미치는 것은 과거가 아니라, 그 과거와 관계를 맺는 방법이다. 따라서 브래드쇼(2004)가 말하는 상처 입은 내면아이를 회복시키고 변화시키는 것은 과거로의 여행이 아닌 현재에서의 작업으로 가능해질 수 있다. 과거의 트라우마 기억은 현재의 필요에 맞춰 스스로를 채색된다. 문제 해결을 위한 중요한 전제는 그 기억을 현재 속에서 미래를 위해 다시 재편집함으로써 고통을 해결하는 데 있다.

내면아이가 간직하고 있는 상처에 대한 기억은 현재를 통해 수정되고 변화될 수 있다. 어린 시절의 상처에 대한 기억은 뉴스처럼 생생하게 기억되지 못하고 언제나 주관적 상태로 저장되어 있기에 우리는 기억을 불러내어 다르게 변형시킬 수 있다. 인형치료는 트라우마에 대한 내담자의 주관적 기억을 직면시키어 종종 기억의 틈새를 메울 수 있는 가능성이 존재한다. 인형이라는 도구를 통해 시각, 촉각, 감각적으로 상황을 재연하게 되면 미세하게 내담자가 잊고 있던 세세한 부분과 부정적 기억에 감추어 있던 긍정의 기억들이 떠오를 때가 있다. 트라우마의 사건은 당사자에게 망각이라는 방어기제를 사용하도록 만든다(Allen, 2010). 심리학적으로 일부 기억의 상실은 사건을 기억하는 것을 감당할 수 없을 때 종종 발생한다. 그러나 잊고 싶은 기억은 퓨즈가 끊기는 것처럼 완전히 잊을 수 있는 것이 아니라 신체와 무의식 속에 기억을 저장하고 있다가 나중에 별 상관이 없는 특정 상황 속에서 비슷한 상황, 소리, 냄새, 분위기 같은 것을 통해 재연될 수 있다. 상처 입은 내면아이를 회복하기 위한 치료 작업 에서 필요한 것은 통합의 경험이다. 통합한다는 것은 떨어져 있던 기억의 조각들을 결합하여 전체가 되게 하는 것을 의미한다. 통합은 과거의 혼란을 치유하는 것으로 감정의 매듭을 통해 감정의 홍수에서 내담자가 빠져나와 자신의 아픈 기억의 퍼즐을 맞추어 가게 된다. 이 때 인형이라는 상징도구는 내담자를 안전하게 기억을 직면하게 도울 수 있다. 자신의 감정에 대한 안정감은 기억의 망각을 실행할 이유를 상실하게 만들어 잊어버렸던 기억을 직면하게 된다. 내담자는 트라우마의 무게에 무기력하게 압도당하지 않고 자신의 감정과 기억을 통제할 수 있게 된다.

(3) 지금-여기의 치료를 위한 인형치료

상처 입은 내면아이를 가진 내담자는 자기 문제에 대한 이해와 통찰이 필요하다. 인형치료는 인형을 통해 내담자의 문제와 갈등을 '지금-여기'의 공간 속에서 나타나게 하며 이를 통해 해결해 나가는 단기치료모델이다. 현상학적 인식으로서의 인형치료는 본질을 존재의 자리에 놓아두며 인간과 세계에 대한 이해는 사실성에서 출발해야만 획득될 수 있다고 본다. 인형 작업 안에서 드러난 현상에 집중함으로써 가족의 실체와 숨겨진 가족의 모습을 볼 수 있게 되는 과정을 '현상학적 방법'이라 부른다(Hellinger, 2002). 현상학적 인식의 과정을 통해 인형치료는 내담자의 내면아이에 대한 통찰을 얻게 되며 내면아이의 역동을 보다 심도 있게 다루게 된다. 인형치료를 통해 내담자는 자신의 내면아이를 지금-현재 속에서 경험하게 된다. 이를 통해 내담자는 '미해결과제(unfinished business)' 와 '아직 채워지지 않은 욕구들(un-met needs)'에 대해 적절하게 바라보고, 효과적으로 다룰 수 있게 한다. 내담자는 현상학적 자각을 통해 부정해왔던 자신의 감정을 인식하고 그동안 인식을 방해하였던 장애들을 발견하게 된다.

상처 입은 내면아이를 가진 사람들은 과거라는 반복의 사슬에 묶여서 현재를 보지 못하고 아직 오지 않은 미래를 걱정하면서 살아간다. 이들에게 필요한건 지금 여기를 살아가는 것이다. 과거가 아무리 불행했고 전혀 자신이 보호받지 못하고 무방비 속에서 고통을 받았더라도 이미 과거는 지나갔다는 사실을 알아차려야 한다. 하지만 이들 대부분은 머리로는 알지만 내면적으로는 여전히 과거 속에서 벗어나지 못한다. 과거의 불행을 반복하지 않으려고 노력하지만, 오히려 그러한 방식이 악순환 속에서 빠져나가지 못하게 한다. 현재 나의 삶을 고통 속에 머물게 하며 삶의 에너지를 방전시키는 것이 다름 아닌 과거가 아닌 바로 자신이라는 사실을 받아들여야 한다. 지금 여기 안에서 내 자신을 가장 힘들게 하는 부정적인 생각, 불안, 두려움, 걱정 등은 외부적 환경이 아닌 바로 자신에게서 온다는 것을 인식해야 한다. 매체로서의 인형은 자기를 객관화시킬 수 있는 가능성을 제공한다. 인형을 통해 상담사는 내담자가 갖고 있는 타인과 세계에 대한 관점 그리고 자기상 속에서 자신의 모습을 알아차리도록 이끈다.

4 상처 입은 내면아이 인형치료 모델

4. 상처 입은 내면아이 인형치료 모델

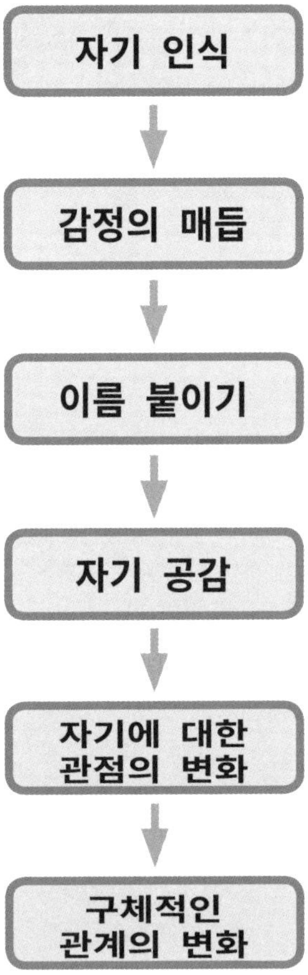

자기 인식

내담자가 상담실을 방문하게 되었을 경우 내담자에게는 자기가 인식하고 있는 문제와 갈등의 원인을 갖고 온다. 내담자를 현재 고통스럽게 하는 문제는 일정한 반복성을 갖는다. 자기인식의 단계는 이러한 반복성을 파악하기 위한 작업이다.

[진행과정]

1) 상처 입은 내면아이의 악순환 탐색하기 : 대인관계 안에서 갈등 패턴 찾기

❶ 최근 대인관계 안에서 힘들었던 경험을 동물 또는 사람인형으로 세운다.

❷ 이러한 경험이 처음이었는가? 과거에 있던 유사한 경험은 무엇인가?

❸ 힘든 경험을 겪으면 이 중에서 가장 힘들었던 이유는 구체적으로 무엇인가?

❹ 힘들었던 경험에서 올라온 핵심감정은 무엇인가?

2) 갈등의 트리거 찾기

❶ 내가 가장 무서워하는 것은 무엇인가?

❷ 내가 생각만 해도 불안하고 식은땀이 나게 하는 것은 무엇인가?

❸ 내가 다른 사람에게 들을 수 있는 최악의 말은 무엇인가?

❹ 내가 어린 시절 부모를 비롯한 가까운 사람들에게 들었던 가장 최악의 말들은 무엇인가?

❺ 이런 말들을 들을 때 주로 올라왔던 감정과 행동은 무엇인가?

3) 갈등의 투사 메커니즘 찾기

❶ 자신이 왠지 주는 것 없이 싫어하는 사람을 떠올리자. 그 사람을 인형으로 세운다. 여기서 주의할 내용은 분명히 무언가 나에게 잘못을 한 사람은 빼자 . 예를 들어 나에게 빌린 돈을 갖고 도망간 사람, 남편, 시어머니 등은 뺀다. 이들은 구체적으로 싫어해야할 내용이 있는 사람이기 때문이다.

❷ 인형 밑에다 내가 싫어하는 그 사람의 특성을 쓴다.

우리의 상처는 대부분은 투사를 통해서 나타난다. 특히 크게 잘못하지 않았는데 싫어하는 것은 그 사람의 특성에서 나의 모습을 보았기 때문이다.

예를 들어 첫째 딸을 싫어한 어머니 사례, 아이가 늘 남 앞에서 자기주장 못하고 우물거리고 지나치게 눈치 보는 모습이 너무 싫었고 미웠다. 반면에 눈치 보지 않는 둘째는 너무 예뻤다. 사실 첫째가 싫은 것은 첫째 안에서 자기의 그런 모습을 보기 때문이다.

이 경우 첫째는 자기의 거울이다.

❸ 특성들 중에서 내가 가장 맘에 안 들고 불편하게 하는 것 두 가지에 동그라미를 표시한다.

바로 동그라미를 한 이 특성이 내 안에 있는 상처 받은 나의 모습을 보여준다.

4) 가족체계 안에서의 역할 찾기

(1) 동물인형 가족세우기

❶ 현재 나의 가족을 인형으로 세우게 한다.

❷ 인형을 매개로 나의 가족을 소개하게 한다.

(2) 동물인형 어린 시절의 가족세우기

❶ 어린 시절의 가족을 인형으로 세운 후 가족을 소개하게 한다.

❷ 어린 시절 가족 안에서 "나"를 찾아보게 한다.

❸ 가족희생양의 역할을 누가했는가?

❹ 현재의 나와 어린 시절의 나를 각각 세운다(여기서 반복되는 반복성과 차이를 나눈다).

(3) 동물인형을 통한 가족체계 파악

❶ 가족 안에 분열된 충성심과 강박적 충성심이 있는가?

❷ 가족 안에 세대 간 전이가 어떻게 작동하고 있는가?

[이론적 배경]

1) 문제 상징체계 : 대극을 찾는 것

- ❖ 드러난 것 vs 숨겨진 것
- ❖ 언어적 진술 vs 비언어적 진술
- ❖ 주요 호소 vs 숨겨진 호소
- ❖ 의식적인 것 vs 무의식적인 것
- ❖ 아니마적인 측면 vs 아니무스적인 측면
- ❖ 갖고 있는 믿음과 신념체계 vs 현실체계

문제 상징체계는 언제나 대립적 요소를 갖는다. 모든 문제체계는 서로 상반되는 두 가지 요소의 결합이다. 동양에서는 모든 만물이 음양으로 이루어져 있으며 음과 양의 조화가 이루어질 때 모든 것이 질서 속에 있게 된다고 여겼다. 이러한 음과 양의 원리는 전통가옥을 비롯한 유물 속에서 발견할 수 있다. 칼 융은 빛과 그림자, 아니마와 아니무스의 개념을 통해 모든 것이 대극적인 요소로 이루어진다고 보았다. 자연에는 창조와 파괴, 위와 아래, 남성과 여성 등 대극이 공존한다. 현대사회에는 폭력, 전쟁, 다툼, 육체적, 정신적 질병, 신경증으로 인한 고통, 사건사고 등이 수없이 발생한다. 이 모든 것에는 대극적인 두 요소가 무의식적으로 표현되고 있는 것이다. 누군가를 가장 단시간에 파괴하는 방법은 서로 모순된 가치나 메시지를 제공하는 것이다. 바로 이것이 베이슨(Bateson)이 발견한 '이중구속(Double bind)'이론이다. 내면세계의 탐구와 분석은 결국은 두 대극적인 요소의 탐색이며 치료는 두 대극적인 요소를 통합하도록 돕는 것이었다.

심리치료는 모든 대극적인 요소를 녹이는 연금술로 인식되었다. 임상현장에서 만나게 되는 대부분의 문제체계에는 두 대극적인 요소가 있으며 이를 찾는 것이 중요한 과제이다. 문제체계 안에서 두 대립적인 요소가 충돌하는지, 아니면 어느 한 쪽 요소에 의해 압도되거나 또는 어디서 균형을 이루는지를 파악해야 한다.

2) 관계의 동선 찾기

피아제 Piaget(1954)는 인간관계의 능력이 생후 초에 발달되기 시작해서 만 2세가 되었을 때 습득된다고 말한다. 아이는 자신에게 입력된 다양한 정보를 일정한 순서와 패턴으로 형성하면서 인간관계의 기초 능력을 만들어낸다. 만 2세에서 3세 중반에 뚜렷해지는 이런 능력의 형성은 자신과 타인에 대한 결론을 담고 있으며 아이는 이렇게 형성된 대인관계의 태도를 지속적으로 유지하는 경향을 갖는다고 말한다(Piaget, 1954).

어린 시절 형성된 자신과 타인에 대한 인식을 지속적으로 유지하려는 경향을 갖는다. 따라서 상처 입은 내면아이는 일정한 관계의 반복성 안에서 드러나게 된다. 야생동물들에게 각자의 영역이 있고 그들만의 동선을 갖고 있듯이 상처 입은 내면아이를 갖는 사람 역시 일정한 관계의 동선을 갖고 있다. 일정하게 반복하는 관계의 모습과 관계에서 늘 느끼게 되는 감정과 인식은 상처 입은 내면아이를 탐색하기 위한 출발이 된다.

❖ 상처를 받았을 때 나는 어떤 반응을 하는가?

상처 받는 순간 전혀 인지하지 못하고 나중에서야 비로소 상처를 받았다는 것을 안다.

뒤로 물러서서 해결을 찾는다.
나를 열등하고 하찮은 존재로 느낀다.

직접적으로 감정을 드러내지 않으려고 해도 가만히 있기가 어렵다.

감정을 제대로 억누르기가 어렵다.

내 자신의 감정을 숨김없이 드러낸다.

저항하며, 나를 향한 공격을 즉시 막으려고 한다.

내 주변에 있는 사람들에게 내가 상처 받았다는 것을 알린다.

혼자 뒤로 물러나서 화를 삭인다.

내 자신이 불쌍하고 한심하다고 느낀다.

상처를 받을 때 나는 내가 당연히 공격을 받을만하다고 여긴다.

상처를 받는 순간 이 상황이 어떤 상황이고, 다른 사람들은 이 상황에서 어떻게 처신할지를 분석한다.

상처를 준 사람을 이해하려고 애를 쓴다.

상처를 준 사람을 즉시 용서하려고 애쓴다.

상처를 준 사람과 대화하려고 애쓴다.

상처를 받은 일이 그렇게 나쁜 일은 아니라고 자신에게 말한다.

나에게 당연히 일어날 수 있는 일이라고 스스로에게 말한다.

정신을 차리고 싫은 내색을 보이지 않는다.

겉으로 상처 받은 것을 무시하려고 애쓴다.

원한의 감정을 품고 복수를 계획한다.

상처를 준 사람과 연락을 단절한다.

상처를 받는 순간 좀 더 조심하고 신중하겠다고 다짐하면서 교훈을 얻는다.

아무에게도 고통을 드러내지 않는다. 특히 상처를 준 사람에게 어떤 감정도 드러내지 않는다(Sellin, 2016).

3) 과거와 현재를 혼동하는 지점을 찾기

교류분석가인 해리스(Harris, 2008)는 우리의 기억이 고성능 테이프 레코드처럼 작동되고 있으며 과거의 경험뿐 아니라 이 경험을 하였을 때 느꼈던 감정도 그대로 저장되어 있다고 말한다. 과거의 경험이 떠오르면 그때의 감정도 같이 떠오르기 때문에 자극을 받은 경우 과거의 경험과 함께 이 경험과 관련된 감정은 현재 속에서 생생이 재생될 수 있다는 것이다.

사람마다 상처의 경험이 다르기 때문에 상처 입은 내면아이를 촉발시키는 요인들도 제각각이다. 촉발 요인은 고전적 조건화라고 부르는 과정을 통해 프로그램화되어 있다. 러시아의 심리학자 파블로프 Pavlov가 한 유명한 실험에서 개에게 먹이를 줄 때마다 종을 울림으로써 개가 종소리만 듣고도 먹을 것을 예상해 침을 흘리게 하였다. 이 실험은 서로 전혀 관계없는 두 가지가 짝을 이루어서 의식적으로 조절할 수 없는 반응을 야기할 수 있음을 보여주었다. 위협받았다고 여겨지는 순간 무의식적으로 아드레날린이 분출되고 경계심이 높아지고 하나의 경험이 전혀 다른 경험과 연결 짓게 된다. 이 관련 없는 두 경험의 연결이 상처 입은 내면아이를 촉발시키는 것이다.

상처 입은 내면아이에서 반복되는 악순환은 현재와 과거를 혼동하는 것이다. 어떤 부분에서 과거가 현재를 오염시키는지를 파악하는 것이 중요하다. 과거와 현재가 혼동되는 지점에는 언제나 감정이 위치하고 있다. 즉 과거와 현재가 혼동하는 경우 감정적으로 폭발하는 지점이 있다. 과거를 상기 시키는 어떤 사람, 상황일 수도 있고 과거에 받은 말을 기억나게 하는 말일 수 도 있다.

그 지점이 건드려지면 경고도 없이, 흥분하며 이성을 잃게 된다. 분노, 원망, 적개심, 깊은 상처, 우울, 두려움, 등 다양한 감정들이 발생한다.

"나를 격하게 흥분시키는 지점을 찾아라."

감정이 늘 폭발하는 지점을 찾아내면, 과거와 현재의 혼동을 통제할 수 있게 된다.

4) 퇴행적 행동

상처 입은 내면아이가 건드려져 활성화 될 때 '퇴행'이 발생한다. 대부분의 상처 입은 내면아이는 퇴행적 행동을 통해 드러난다. 퇴행의 전형적인 방식은 전이와 투사를 통해서 이루어진다. 이것은 자신을 보호하고 현실에 대한 불안을 줄이기 위해 현재 보다 과거 또는 유년기로 돌아가려는 심리행동이다. 상처 입은 내면아이는 무의식에게 더 지배되는 것이기에 상처가 건드려지는 순간 자신도 모르게 이성을 잃어버리고 충동적이고 감정적인 대응을 하게 된다. 이를 지켜보던 사람들은 도저히 이해할 수 없다고 인식하게 된다. 퇴행적 행동은 스트레스를 받거나 위기상황 속에서 발생하기 때문에, 대단히 곤란한 상황을 만들어낸다. 한 사람이 어떤 부분에서 퇴행적 행동을 하는지 보면 그 사람의 '상처 입은 내면아이'가 보인다.

상처 입은 내면아이가 올라오게 되면 수치심과 죄책감에 시달리게 된다. 그러면 더욱 자존감을 왜곡시키고 훼손시켜 우울과 무기력에 빠질 수 있다. 그리고 자신의 퇴행적 행동으로 만들어진 현재 상황을 어떻게 해결해야 할지 모르는 난감한 현실을 마주치게 된다.

5) 감정의 기억

과거의 상처를 반복하게 하는 트리거는 감정과 깊은 연결을 갖는다. 상처를 건드리는 트리거는 특정 사건과 경험에 고정되어 있는 것 보다는 일정한 감정들과 관련을 갖는다. 상처 입은 아이가 드러날 때는 언제나 감정들을 동반한다. 상처 입은 내면아이가 건드려져 활성화될 때 퇴행이 일어나고 여기에는 언제나 감정적인 반응이 따라오기 때문이다. 감정의 변화는 심장 박동이나 체온의 변화, 근육의 긴장이나 이완과 같은 신체 변화를 일으킨다. 가장 대표적인 감정의 변화는 얼굴 표정의 변화이다. 얼굴 표정은 감정이 드러나는 영사기와 같은 것으로 내면에 있던 감정들의 변화를 나타낸다. 상처가 건드려져서 활성화되어 퇴행적 행동을 통해서 드러나는 감정들은 일정하게 반복적인 패턴을 보인다.

특정 경험과 사건을 통해 무의식적으로 일어난 회상은 과거의 경험을 하나도 틀리지 않게 고스란히 담고 있다(Harris, 2008). 그러면 과거의 경험이 현재처럼 그의 앞에 생생하게 펼쳐진다. 그 순간 당사자는 자기 내면에서 올라오는 감정들이 현재가 아닌 과거의 생생한 기억이라는 것을 알 수 가 없다. 올라오는 기억들과 감정들이 너무나 생생하고 강력하기 때문이다. 현재의 특정상황에서 느끼는 감정들, 예를 들어 공포, 분노, 두려움이 어린 시절 상처 받을 때의 경험에서 느꼈던 감정들이며 저장되었던 감정들이 다시 재생되는 것이다. 따라서 현재 안에서 상처 받았을 때 올라오는 감정들은 과거의 재생이기에 여기에는 일정한 반복성을 갖고 있다. 이러한 일정한 감정의 반복은 투사메커니즘을 통해 더욱 분명히 드러난다.

6) 가족체계 안에서의 역할

인간은 고립된 존재가 아닌 사회의 한 구성요소로서 다른 사람과 끊임없이 상호작용 하는 존재이다. 인간은 환경에 둘러싸여 있고, 스스로 그 환경을 이루는 대상이 된다. 여기서 환경의 변화는 개인의 변화로 이어진다. 따라서 개인의 문제는 개인의 잘못이 아닌 그의 환경을 통해서 온 것으로 본다. 인간의 갈등과 문제는 바로 내면에서 발생된 것이 아닌, 외부적 환경을 통하여 발생된 것으로 본다. 이러한 맥락에서 가족은 하나의 모빌처럼 작동한다. 아기 방 침대 머리맡에 걸려 있는 모빌을 생각해 보자. 형형색색 여러 가지의 모양을 한 조각들이 모빌을 구성한다. 아기의 울음을 그치려고 모빌 조각 하나를 손가락으로 툭 건드려 보자. 분명 한 조각을 건드렸을 뿐이지만 그 조각만이 아니라 모빌 전체가 움직인다. 가족은 이런 것이다. 인간은 가족 안에서 고립된 존재가 아닌 가족의 한 구성 요소로서 다른 가족들과 끊임없이 상호 작용을 한다. 이러한 가족체계 안에는 가족구성원들에게 주어진 각자의 역할이 존재한다.

남편과 아내, 아버지와 어머니의 역할이 존재한다. 또한 아들과 딸의 자녀의 역할이 존재한다. 가족은 하나의 유기체와 같이 서로 끊임없이 상호 작용하기 때문에 한 사람만의 개별적인 것은 존재하기 어렵다. 특히 어린 시절에 형성되는 상처 입은 내면아이는 개별적인 원인이기 보다 가족전체가 그 문제의 근본적인 원인이 되는 경우가 많다.

우리는 어린 시절 가족구성원들의 반응을 통해서 자기 자신과 세상을 인지하였다. 아이는 가족들과의 상호작용을 통해서 자기 자신 그리고 주위환경에 대한 이미지를 형성하게 된다. 이렇게 형성된 이미지는 타인에게, 자기 자신에게, 주위환경에 무엇을 기대할 수 있는지 결정하는 기본 틀이 된다. 우리에겐 가족이라는 거울이 있으며 이를 통해 자신을 발견하게 된다. 따라서 '가족체계 안에서의 나'를 인식하지 않으면 내가 누구인지를 알지 못한다. 그 뿐 아니라 상처 입은 내면아이의 문제를 만들어낸 것이 무엇인지를 모르게 된다. 내가 성장하고 살고 있는 가족구조와 체계에 대한 이해 그리고 가족 안에서 요구 받은 역할에 대한 이해가 필요하다.

7) **가족체계 파악하기**-9개의 가족체계유형

(1) 부친고립형

부부체계 사이에 긴장과 갈등이 생길 때 한 쪽 배우자가 자녀들을 자기편으로 끌어들이는 것을 말한다. 부친고립의 형태는 '아버지 왕따형'이라고 불리며 부부관계의 문제가 자녀들로 확장되는 삼각관계의 메커니즘에 속한다. 즉, 보웬이 말하는 삼각관계의 형태가 드러나는 것으로 모친고립도 가능하다. 가족체계 유형 중에 가장 많이 발생하는 유형이다. 인형의 특징은 아버지 인형은 혼자 떨어져 있으며, 어머니 인형 주변에 자녀들이 가까이 놓여있다.

(2) 우회공격형

부부체계 사이에 긴장과 갈등이 생길 때 서로 직면을 통해 해결하지 못하고 가족구성원들 중 한 명에게 투사를 하여, 발생한 부정적인 감정을 해소하는 것을 말한다. 부부관계의 문제를 자녀들에게로 확장하는 것으로 삼각관계의 메커니즘에 속한다. 가족들의 투사의 대상이 된 자녀는 '가족희생양'이 되고, 역기능적 가족체계의 문제를 보여주는 대상이 된다. 우회공격형의 희생양이 된 자녀는 일종에 가족 안에 존재하는 '정서적 쓰레기통'과 같은 역할을 수행하게 되며 이 경우 자녀는 '문제아'의 역할이 우세하게 나타날 수 있다. 인형의 특징은 문제아의 역할을 하는 한 자녀를 향해 가족 인형 전체가 대립되어 있거나, 희생양의 역할을 하는 인형 혼자 떨어져 있는 것으로 나타난다.

(3) 우회보호형

부부체계 사이에 긴장과 갈등이 생길 때 자녀 중 한 명이 병약하거나 장애를 가진 자녀를 과보호하면서 부정적인 감정을 회피하는 것을 말한다. 부부관계의 문제를 자녀들에게로 확장하는 것으로 삼각관계의 메커니즘에 속한다. 가족구성원 모두는 병약한 한 가족구성원을 보호하고 돌보게 되고, 보호의 대상이 된 가족구성원은 가족의 항상성을 유지하기 위해 건강을 회복하면 안 된다는 무의식적인 요구를 받는다. 인형의 특징은 병약한 한 자녀를 가족인형 전체가 둘러싸서 보호하는 형태로 드러난다.

(4) 분열형

부부체계 사이에 긴장과 갈등이 발생하고 그 갈등이 최고조에 달하게 되는 경우 부부는 서로 자녀들을 자기편으로 끌어들이려고 하고, 이를 통해 가족 전체가 분열되는 것을 말한다. 부부갈등이 고조되게 되면 두 부부는 자녀들을 서로 자기에게 끌어들여 삼각관계를 형성하려고 한다. 이 때 자녀들은 각각의 부모와 동맹관계를 형성하게 되고 강한 밀착관계를 갖게 된다. 이럴 경우 가족안에는 두 부부의 갈등체계에서 자녀와 함께 편 가르기를 하는 분열된 가족체계가 발생한다. 갈등은 이제 두 부부에게서만 아닌 자녀들과 조부모까지 서로 편이 갈려져서 갈등하는 모습을 보인다. 이러한 분열형은 이혼 직전의 가족체계에서 자주 발견할 수 있다. 인형의 특징은 각각의 부모가 자녀 또는 조부모와 나란히 서서 서로 대립하거나 등을 돌리고 있는 모습으로 나타난다.

(5) 세대단절형

부모가 자녀들에게 충분히 기능적인 애착관계를 형성하지 못하고, 부모와 자녀 세대 사이에 긴장과 갈등이 발생하는 것을 말한다. 이 세대단절형의 특징은 대부분의 체계유형이 부부갈등이 원인이라면 이것은 부모의 역할과 애착, 부모의 역량과 관련이 있다. 자녀가 청소년의 시기에 자주 발생하며 두 부모와 자녀들이 서로 편이 갈라져서 갈등하는 모습이다. 다른 유형들은 시간이 흐른다고 변화되지 않으나 세대단절형은 자녀들이 청소년기를 벗어나게 되면 단절이 완화될 수도 있다. 인형의 특징은 부모 인형과 자녀 인형들이 서로 등을 돌리거나 서로를 보면서 대립하는 것으로 나타난다.

(6) 이산형

가족구성원들 모두가 마치 호텔에 투숙한 투숙객처럼 서로에 대해 별다른 관심과 친밀감을 형성하지 못하는 경우를 말한다. 여기에는 독립과 분리라는 장점이 있지만 친밀감이 부족하고 외로움을 느끼게 되는 형태로 최근에 가장 많이 발생하는 가족체계이다. 가족구성원들 간의 경계선은 경직된 상태를 유지하며 다른 유형들에서 자주 볼 수 있는 삼각관계는 발생하지 않는다. 이산형의 가족체계는 가족구성원들에게 외로움과 소속감의 어려움을 야기한다.

인형의 특징은 가족 모두 뿔뿔이 흩어져서 서로 다른 방향을 보는 것으로 드러난다.

(7) 목적지향형

가족구성원들 사이에 관계와 소통이 제대로 형성되어 있지 못하지만 생존과 안전을 위해 버티고 있는 경우를 말한다. 매슬로가 말하는 생존과 안전의 욕구가 해소되지 못하는 가족체계에서 발생한다. 지난 시절 가난이라는 위급한 처지에 놓인 가족들이 서로 간의 친밀감과 소통을 포기하고 기꺼이 생존을 위해 노력했던 모습에서 잘 나타난다. 인형의 특성은 한 줄로 가족 전체 인형을 세워 놓는 모습으로 드러난다.

(8) 밀착형

가족구성원들 모두가 지나치게 밀착되어 있으며 가족 간에 경계가 침해되어 있으며 가족구성원들 간에는 애증의 관계형태가 나타난다. 친밀감이라는 장점은 존재하지만 독립과 분리가 부족하다. 가족구성원들 사이에는 산만한 경계선이 존재하며 밀착과 동맹 관계들이 뒤엉켜있다. 인형의 특성은 서로 모든 가족 인형들이 뭉쳐있거나 차곡차곡 쌓여져 있는 모습으로 드러난다.

(9) 균형형

기능적 가족형태로 가족들 사이에 적절한 관계와 소통이 발달되어 있으며 또한 적절한 경계선이 발달되어 있어 가족이 기능적으로 작동하는 경우를 말한다. 인형의 특성은 가족 인형들이 적절한 경계선을 유지하면서 만다라의 형식으로 세워져 있다. 서로를 바라보고 있으며 경계선은 적절하게 유지한다.

"우리 가족의 체계유형은 무엇인가?"

8) 가족희생양 역할 파악하기

(1) 가족희생양(Scapegoat)은 무엇인가?

가족희생양(Scapegoat)은 불행한 부부관계와 가족관계를 갖고 있는 가족 안에서 한 자녀가 가족의 문제를 해결하기 위해 애를 쓰거나 또는 부당하게 가족 문제의 원인 제공자로 주목받고 불행한 가족관계에서 발생하는 심리적, 정서적 갈등을 담는 쓰레기통 역할을 하는 경우를 의미한다. 이러한 가족희생양의 존재를 통해 가족은 가족체계의 항상성 균형을 유지할 수 있게 된다. 가족에서 희생양이 된 개인은 가족의 긴장을 다른 데로 돌리고 가족에게 결속의 토대를 제공하는 중요한 기능을 한다. 부부간에 갈등이 있거나 가족 안에 긴장이 있는 경우 희생양을 통해 긴장과 불안, 적대감을 투사하는 것은 가족의 결속을 이루는데 도움이 된다(Pillari, 1986). 가족에서 희생양이 된 구성원은 가족의 긴장을 다른 데로 돌리게 하고 가족에게 결속의 토대를 제공하는 중요한 역할을 한다.

지라드(Girard, 2007)는 이러한 희생양 메커니즘이 인류의 시작과 더불어 기능을 하였으며 모든 문화와 시대를 초월하여 역기능적 문제에 대한 인간의 기본적 대처방식이 된다고 본다. 희생양 메커니즘은 한 사회나 거대한 공동체와 같은 커다란 집단에만 있는 것이 아닌 인간의 가장 작은 단위의 사회체계가 되는 가족 안에도 존재한다. 가족 안에 희생양 메커니즘이 존재한다는 것은 누군가 무고한 가족구성원들이 고통을 당하고 있으며 이들의 희생을 통해 가족체계가 유지된다는 것을 의미한다. 가족 희생양의 주요한 원인은 부부의 갈등이다. 부부의 갈등은 가족을 갈등상황에 몰아넣게 되고 이를 통해 가족구성원들 간의 경계선이 침해될 수 있기 때문이다. 곧 가족이라는 체계가 혼란을 통해 붕괴의 위험에 놓이는 것이다. 이 위험을 막기 위해 희생양이 선택된다.

물론 희생양은 부모의 강제에서만 이뤄지는 것은 아니다. 자녀가 가족희생양이 되는 것은 가족을 위기에서 구하겠다는 충성심으로 인한 동기도 존재한다. 자녀 스스로가 가족이라는 체계를 지탱하기 위해 자발적으로 희생하게 된다는 말이다(Boszormenyi-Nagy, Grunebaum, Ulich, 1991). 예를 들면, 부부간에 긴장감이 감돌면 자녀는 부모를 화해시키려고 애쓰고, 술에 취한 아버지를 술집에서 끌고 오고 아버지의 외도 파트너에게 가서 헤어지라고 애걸하기도 한다. 이러한 자녀는 일찍부터 가족을 위해 자신의 욕구를 희생하는 법을 배우고, 부모의 욕구가 자신의 욕구가 되고 가족을 위해 자신을 기꺼이 희생을 한다. 부부갈등과 같은 가족 내의 만성적인 역기능이 있는 가족의 경우, 희생양은 일종의 대처방식이 되어 가족체계를 안정화시키는 힘이 될 수 있다(Pillari, 2008). 이러한 가족희생양의 메커니즘은 바로 가족항상성을 유지시키는 기능을 한다. 가족희생양의 메커니즘은 역기능적 가족이 가족체계의 균형을 이루기 위해 사용하는 항상성의 기능을 갖는다. 그러나 희생양이 된 자녀가 가족의 항상성을 유지함으로 체계 유지에 역할을 하지만 희생양인 자녀는 이러한 역할을 수행하기 위해 많은 대가를 치러야 한다. 부부가 갈등을 해결하지 못하고 희생양을 통해 가족체계를 유지하려 할 때 긴장은 다소 완화되지만 부부와 가족갈등은 수면 아래에서 지속적으로 유지된다.

희생양이 된 자녀가 자신의 희생에 대해 더 이상 거부하고 부모에게 반항할 때 그들의 역할이 바깥으로 노출되어지고, 결국 한 자녀의 파괴적 역할과 함께 가족체계의 갈등은 더욱 심해질 뿐이다. 이처럼 가족은 자신의 문제를 해결하기 위해 정확히 말해서는 '회피하기 위해' 무의식적으로 자녀를 선택하여 그 자녀를 가족희생양으로 사용한다. 가족희생양으로 뽑히면 그 자녀는 가족이 긴장에서 벗어나게 하기 위해 가족들이 느끼는 고통과 분노를 자신에게 돌리게 한다. 그러한 가족희생양의 행동은 가족체계가 균형을 잃을 때 자신이 느끼는 불안을 줄이기 위한 것으로 보인다. 가족희생양으로 역할을 수행하는 자녀는 죄책감과 무력감, 슬픔 그리고 높은 수준의 불안감을 느낀다. 가족희생양은 자신이 하는 모든 일에 죄책감을 느끼며 부모의 불행과 고통을 모두 다 자신의 잘못이라고 믿고 고통스러워한다고 말한다. 가족희생양의 고통은 자기 개인이 만들어낸 고통이 아닌 가족체계에서 온 것이다.

(2) 가족희생양의 유형

브래드쇼(2003)가 설명한 가족희생양의 역할을 하는 자녀들의 모습을 재구성하면 다음과 같다.

부모의 부모역할, 어머니 아버지의 친구, 가족 상담사, 어머니의 우상, 아버지의 우상, 완벽한 아이, 성자, 어머니 아버지에게 용기를 주는 아이, 악당, 귀염둥이, 운동선수, 가족 내 평화주의자, 가족 중재자, 실패자, 순교자, 어머니의 배우자, 아버지의 배우자, 광대, 문제아, 존재감 없는 아이, 뒤집어쓰는 아이, 투명인간, 바보짓 하는 아이, 반항아, 성취도 낮은 아이, 성취도 높은 아이, 아픈 아이, 애어른, 연인, 늘 우는 아이, 자학하는 아이, 조정자, 착한 아이

9) 충성심과 세대 간 전이

(1) 분열된 충성심과 강박적 충성심

분열된 충성심은 자녀가 부모 중 한명에 대한 충성심을 희생하면서 다른 부모에게 충성을 다할 때 생기는 현상이다. 이러한 상황은 부모가 서로 갈등하는 상황에서 나타난다. 어머니와 아버지가 갈등하면서 자녀를 서로 자기편으로 끌어들이려고 한다. 여기서 한쪽 부모를 택하게 되면 자녀는 다른 한쪽 부모에게 충성심을 포기해야 한다. 강박적 충성심은 눈에 보이지 않는 충성심으로 잘 관찰되지 않는 충성심이다. 속담에 "흉보면서 따라한다" 라는 말처럼 성장하여 자신의 부모처럼 강박적 행동을 따라한다. 이러한 보이지 않는 충성심은 일종의 강박적 충성심으로 무의식의 세계 속에 있기에 스스로 인식하기 어렵다. 부모에 의해 내면화된 충성으로 부모가 보인 알코올 중독, 약물중독, 가정폭력 등을 따라하는 것에서 잘 나타난다.

(2) 세대 간 전이

'세대 간 전이'는 한 세대에서 다음 세대로 이동하는 현상이다. 상처 입은 내면아이는 세대 간 전이의 대상으로 가족 간 상호 작용 속에서 무의식적으로 전달된다. 이러한 세대 간 전이를 발생시키는 것으로는 가족 안에서 발생한 트라우마이며, 이 트라우마가 또 다른 트라우마를 일으키는 얽힘을 일으킨다. 여러 세대에 걸친 이러한 작용력은 무의식적으로 작용되기 때문에 의식의 영역에서 다루기 힘든 경우가 많다. 우리가 어떤 방식으로 여러 세대에 걸친 전이와 가족 간에 발생한 전이를 알게 되는지 간에 중요한 건 자기 가족의 과거를 더 많이 알고 이해할수록 또 자신이 어떤 오래된 가족사에 연루되어 있는지를 많이 알수록 얽힘으로부터 벗어날 수 있다는 사실이다.

[연습]

1) 대인관계 안에서 갈등 패턴 찾기

문제 상징체계: 대극을 찾는 것

드러난 것	숨겨진 것
언어적 진술	비언어적 진술
주요 호소	숨겨진 호소

관계의 동선찾기

의식적인

무의식적인 것

아니마적인 측면

아니무스적인 측면

갖고 있는 믿음과 신념체계

현실체계

과거와 현재를 혼동하는 지점을 찾기

▷나를 격하게 흥분시켰던 사람

▷ 나를 격하게 흥분시켰던 사건

퇴행적 행동

자　극

▷ 나를 격하게 흥분시켰던 사람

▷ 나를 격하게 흥분시켰던 사건

반　응

▷ 여기에 대한 반응은 어떠했는가

▷ 여기에 대한 반응은 어떠했는가?

감정의 기억

▷ 9평상시에 드러나는 얼굴표정은 어떠한가?

▷ 상처가 건드려졌을 때 얼굴표정은 어떠한가?

갈등의 투사 메커니즘 찾기

▷ 자신이 왠지 주는 것 없이, 별 이유 없이 싫은 사람의 이름을 쓴다.

▷ 그 사람에 대해 내가 싫어하는 특성을 쓴다.

가족체계 유형 파악하기

▷ 현 가족체계 유형

▷ 원 가족체계 유형

가족 희생양의 역할 파악하기

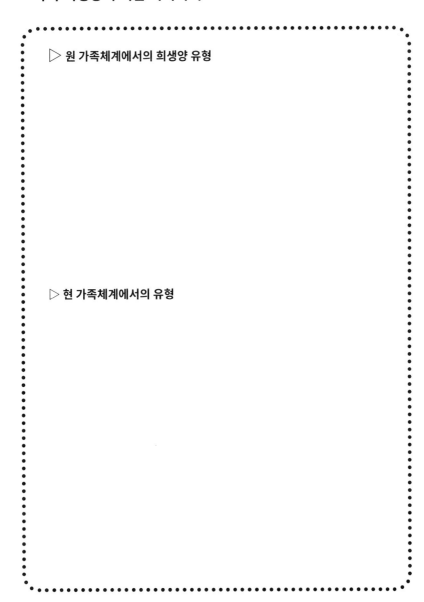

▷ 원 가족체계에서의 희생양 유형

▷ 현 가족체계에서의 유형

충성심 파악하기

▷ 분열된 충성심

▷ 강박적 충성심

세대 간 전이 파악하기

▷ 원 가족체계의 역기능적 문제

▷ 원 가족과 현 가족체계의 반복성

감정의 매듭

브래드쇼는 상처 입은 내면아이의 핵심이 감정이라고 말한다. 상처 입은 미해결의 감정이 끊임없이 현재 안에서 재생되고 반복되는 것이라고 말한다. 조절 못하고 통제 될 수 없는 내면아이의 정서와 감정은 인식되어져야 하고 그 감정의 매듭을 만드는 작업을 수행해야한다.

■ 진행과정

1) 상처 입은 핵심 감정 찾기

❶ 최근 힘들었던 경험을 나눈다.

❷여기서 힘든 경험을 말할 때 올라오는 감정을 찾아낸다.

❸ 찾아낸 감정들 중에서 평상시에도 자주 느끼는 감정에 표시를 한다.

❹ 표시된 감정을 어린 시절 누구와의 관계에서 자주 느끼었는가?

2) 거인의 존재를 인식하기: 상처 입은 감정을 직면하기

❶ 동물인형 또는 사람인형으로 위에서 다룬 힘들었을 때 당시(현재 또는 과거)를 표현한다.

❷ 인형을 세워 놓고 내담자에게 나 자신을 관찰하게 한다.

❸ 세워져 있는 내가 어떤 감정을 느끼고 있는지, 어떤 생각이 드는지, 묻는다(주의: 이유를 진술하는 것이 아닌, 자신의 감정과 생각에 집중해서 표현하게 한다.)

❹ 상담자는 내담자의 감정과 생각을 존중하며, 충분히 자신의 감정을 드러낼 수 있도록 돕는다.

3) 상처 입은 감정의 매듭 만들기

❶ 세워진 인형을 보면서, 내담자가 자신이 얼마나 힘들고, 슬프고, 두렵고, 무서웠는지의 감정을 표현할 때 '감정의 매듭'을 만든다.

□ 감정의 매듭

내담자가 힘들었던 감정을 말하는 순간 상담자는 경청하면서 그 감정에 이름을 붙여주는 작업이다.

"맞아요. 정말 힘든 순간이었어요. 나에겐 아무도 없었네요."

"외롭지만 아무에게도 외롭다는 감정을 표현할 수 없었네요."

"이 외로움의 감정을 어떻게 버티고 살아왔나요?"

❷ 상담자는 내담자와 함께 힘들었던 감정을 찾아내서 그 감정에 구체적인 이름을 부여하고 자신이 얼마나 이 감정을 무시하거나 회피하려고 했거나 아니면 이 감정에 빠져있었는지를 탐색한다.

"외로움은 당시만이 아닌 지금도 있었네요."

"외로움을 해결하기 위해 어떻게 하셨나요?"

■ 이론적 배경

▷ **세워진 인형의 모습**

▷ **내담자가 느끼는 감정**

▷ **세워진 인형에 대한 해석**

▷ **내담자의 감정에 대한 상담자의 감정**

1) 내면에 있는 거인

폰 프란츠는 그리스 신화를 비롯한 각국의 신화에서 거인들은 아주 늙은 존재로 인간이 만들어지기 전에 신에 의해 창조한 신비로운 존재로 나온다. 폰 프란츠는 파괴적이며 충동적인 거인은 우리의 조절 못하는 정서와 감정과 유사하다고 말한다. 상처 입은 정서와 감정은 거인처럼 파괴적이고 상대를 집어삼키려 하고 파괴적이기 때문이다. 이것은 마치 거대한 거인이 나타난 것 같은 모습이기도하다. 거인들은 강력한 힘을 가졌으나 좀 어리석은 듯이 등장하는 것처럼 퇴행을 통해서 드러나는 조절 못한 정서와 감정은 어리석고 충동적일 수밖에 없다. 상처 입은 내면아이가 나타날 때는 언제나 조절되지 못한 정서와 감정이 폭발할 때이며 이것은 거인처럼 파괴적이고 충동적이며 그리고 위험하기도 하다.

2) 감정마비

감정마비는 상처를 받을 때 상처에 의해 압도당해 자신의 감정을 아예 차단해버려 자기에게 벌어진 상황과 감정을 분리시키는 것을 말한다. 감정마비는 '회피시스템'에 지나치게 익숙해진 사람들에게 나타난다.

감정과 정서는 같은 말인 듯하지만 차이가 있는 말이다. 감정 feeling은 정서 emotion의 의식적인 부분이다. 정서는 우리의 내면의 무의식적인 부분이고, 감정은 의식적으로 체험되고 사고에 의해 인식되는 정서의 일부분이다. 심리학에 의하면 인간의 뇌에는 기본욕구에 반응하는 방식으로 '접근시스템'과 '회피시스템'이 존재한다. 접근시스템은 인간의 기본적 욕구 충족을 담당하여 쾌락을 추구하고 불쾌를 피하려고 한다. 회피시스템은 안전을 중시하고 위험을 감지하고 회피와 보호를 담당하여 자기의 안정을 위해 자기의 욕구를 억압하고 타인과의 관계에서 부딪히지 않고 순응하게 한다. 자기의 욕구를 억압하는 사람은 회피시스템이 발달된 유형이다.

우리의 정서는 무의식적이기 때문에 그 자체로 독자적인 생명력을 가지며, 욕구를 충족시킨 경험은 편하고 기분 좋은 정서를 갖게 하지만 욕구를 거스른 경험은 불편하고 부정적인 정서를 경험하게 만든다. '회피시스템'에 지나치게 길들여진 사람은 자기의 의지와는 상관없이 내면에 불편한 정서를 쌓아두게 되고 더 이상 버티지 못하게 되면 불안정한 정서에 지배받게 되고 쉽게 이런 불안정한 정서가 사라지지 못한다.

우리 내면에서 접근시스템과 회피시스템이 서로 언제나 충돌한다. 우리는 회피시스템을 선택하고 자신의 감정과 생각을 억누르고, 자신의 생각과 감정을 표현하고 싶은 욕구를 포기하게 된다. 자신의 감정과 생각 더 나아가서 자기의 욕구를 포기하는 일이 반복되면 분노, 불안, 두려움, 피해의식 등의 감정이 제대로 해결되지 못하게 되고 자연히 우울증에 걸리게 된다.

회피시스템에 익숙한 사람은 단순한 감정의 욕구를 감정의 '혼란'으로 여기는 사람이다. 외롭거나, 울적하고 슬프고, 위로받고 싶은 감정은 자연스러운 것인데도 그대로 받아들이지 못하고 회피하려고 한다. 감정들이 복잡하게 엉켜 한꺼번에 몰아치면 당황해서 회피하거나 미친 듯이 일하거나 성욕에 탐닉하거나 해서 원래의 감정과 상관없는 방식으로 해소하려고 한다.

3) 상처 입은 감정을 직면하기

어린 시절 경험한 상처에서 오는 두려움, 분노, 공포, 좌절, 소외감 등 부정적인 감정들이 현재 상황 속에서 작용하면 과거와 현재가 혼란스럽게 뒤섞인다. 우리가 느끼는 아픔과 고통, 슬픔 등 수많은 부정적인 감정들은 현재만이 아닌 과거의 상처와 연결되어 있기 때문에 우리가 현실을 바라보는 시선은 종종 우리를 기만하고 있을 수 있다. 가족, 부부, 자녀관계, 직장동료관계, 대인관계 속에서 자신도 모르게 옛 상처가 건드려지는 순간 상처 입은 내면아이가 깨어나면 퇴행적 행동을 통해 혼란과 갈등이 발생한다.

상처 입은 내면아이의 부정적 감정들로부터 빠져 나오기 위해 상처 받은 자기의 감정을 돌보고 자신의 오랜 도피처이자 스스로를 고립시켰던 마음의 공간에서 나와야 한다. 그러기 위해서 상처 입은 어린 시절의 내면 아이가 현재의 삶에도 여전히 영향을 미치고 있다는 사실을 깨 닫아야 한다. 사람들 사이에서 언제나 느끼게 되는 불안, 두려움, 분노, 속상함, 짜증, 무기력 등 부정적인 감정의 상당수가 상대방 때문만이 아닌 과거 상처 입은 내면아이에서 비롯된 것임을 인식해야 한다. 즉 일상의 어려움이 눈에 드러난 문제에서만이 아닌 과거와 연결되어 있다는 사실을 알아차려야 한다.

4) 상처 입은 감정의 매듭 만들기

상처 입은 내면아이를 갖는 사람들은 상처 입은 감정에 압도당하고, 그 감정에서 벗어날 수 없다고 여긴다. 이것은 마치 자기가 감정을 다스리는 것이 아닌 감정 자체가 자기를 다스리는 것 같이 생각한다. 이들은 자신의 감정을 잘 알지 못하고 동시에 충동적이거나 변덕스러울 수 있다. 자신의 감정을 스스로 조절하거나 통제하지 못한다고 생각하기 때문에, 안 좋은 기분에서 벗어나려는 노력을 하지 않는다. 내담자는 상처 입은 감정을 상담자에게 안전하게 드러내어야 변화될 수 있다. 그러기 위해서 필요한 것은 내담자는 자신의 감정이 뭔지를 알고 상담자의 존중 속에서 감정의 매듭을 만들어 더 이상 감정에 휩쓸리지 않고 통제할 수 있게 만든다.

[연 습]

1) 상처 입은 핵심 감정 찾기

2) 상처 입은 감정을 직면하기

▷ **세워진 인형의 모습**

▷ **내담자가 느끼는 감정**

▷ **세워진 인형에 대한 해석**

▷ **내담자의 감정에 대한 상담자의 감정**

3) 상처 입은 감정의 매듭 만들기

▷ **내담자의 올라온 감정들**

▷ **감정의 매듭을 만든 감정**

이름 붙이기

칼 융(2018)은 이름은 효과를 발휘하고, 말은 액막이 역할을 한다고 말한다. 치료사가 내담자의 증상에 이름을 붙여주면, 내담자의 고통의 절반은 해소된다고 하였다.

자기 안에 존재하는 상처 입은 내면아이의 존재와 감정을 인식하게 되면 다음 단계는 내면아이에게 이름을 붙이는 작업이다. 인간의 마음은 이야기의 형태로 사고하도록 만들어져있다. 인간적 동기는 대부분 스스로에게 들려줄, 자기 삶의 이야기를 이행하는 과정에서 나온다. 이야기는 사물을 직접 바꾸지는 못하지만 우리의 마음 상태를 바꿀 수 있는 힘이 있다. 자신의 감정을 읽고 언어화하는 것은 감정을 조절하고 변화시키는데 중요하다. "내가 우울해하고 있구나" 라고 자기감정에 이름을 붙이고 자기의 마음 상태를 규정하면 자기를 스스로 객관적으로 바라볼 수 있게 되면서 문제를 구체적으로 다룰 수 있게 된다. 문제에 이름을 붙이는 것은 자신의 상처에 '말'이라는 옷을 입혀 표현할 수 있게 하는 것이다.

부모역할, 어머니 아버지의 친구, 가족 상담사, 어머니의 우상, 아버지 의외로운 아이, 화가 나있는 아이, 느끼지만 표현할 수 없었던 아이, 겁먹은 아이, 잊혀진 아이, 존재감 없는 아이, 우울한 아이, 어디에도 소속되지 못한 아이, 눈치 보는 아이, 위축되어 있는 아이, 착해야 하는 아이, 모범생이어야 하는 아이, 늘 명랑해야 하는 아이, 말을 할 수 없는 아이, 바보짓을 해야 하는 아이, 숨죽이고 있는 아이, 스스로에게 열등한 존재라는 사실을 일깨어주어야 하는 아이, 뭣이든지 잘해야 하는 아이, 빨리 성인이 되어야 했던 아이, 과장된 감정과 행동을 통해 자신의 진짜 속마음을 숨겨야 했던 아이, 환상 속으로 달아나야 했던 아이, 자기 자신에게 늘 화가 나 있는 아이.

■ 진행과정

1) 상처 입은 내면아이의 이름 찾기

❶ 위의 이름들을 참조해서 내담자의 상처 입은 내면아이의 이름을 찾는다.

❷ 상담자가 먼저, 이름을 제안할 수 있으며, 찾아낸 이름에 내담자가 동의해야 한다.

❸ 찾아낸 이름은 내담자의 상처 입은 내면아이의 닉네임이 된다.

자기의 상처에 이름을 붙이게 되면 지금껏 말하지 못했던 것을 이야기와 생각을 통해 정리 할 수 있게 하며 감정적인 부담을 현저하게 덜어준다. 상처 입은 내면아이를 말로 표현할 수 있다면 이제 이 상처는 덜 아프고 통제할 수 있는 상처로 변한다.

■ 이론적 배경

1) 룸펜슈틸츠헨 효과

룸펜슈틸츠헨은 그림(Grimm)형제의 동화에 나오는 난장이의 이름이다. 가난한 방앗간 주인이 어느 날 왕에게 자신의 딸은 짚으로 금을 만든다고 허풍을 늘어놓는다. 그러자 왕은 자신 앞에서 그것을 보여 달라고 명령을 하였고 만일 바꾸지 못하면 살지 못하리라고 말한다. 아버지는 딸을 짚이 들어 있는 방에 혼자 두고 떠난다. 아버지가 떠난 뒤 딸이 울고 있을 때 난쟁이가 들어와 사정을 듣고는 자신이 대신 해줄 테니 자신에게 대가로 무엇을 줄 수 있는지 묻는다. 딸은 난장이에게 목걸이를 내놓는다. 다음날 왕은 금을 보자 욕심이 생겨 방에 짚을 가득 채우고 금으로 바꾸라며 명령을 한다. 딸은 난쟁이에게 반지를 주고 금으로 바꾼다. 왕은 세 번째로 금을 만들라고 명령을 하면서, 이번에도 성공하면 자신과 결혼하자고 제안한다. 난쟁이가 다시 나타나 무엇을 줄 수 있느냐고 묻자, 딸은 이제 아무 것도 없다고 대답한다. 그러자 난쟁이는 왕과 결혼하여 아이를 낳으면 그 아이를 자신에게 달라고 제안한다. 달리 뾰족한 수가 없던 딸은 그렇게 하겠노라고 약속하고 결국 왕과 결혼하여 아기를 낳는다. 어느 날 잊고 있던 난쟁이가 나타나 이제 아기를 달라고 하자 왕비는 울면서 제발 아이를 데려가지 말아달라고 부탁한다. 이를 불쌍하게 여긴 난쟁이는 사흘 안에 자신의 이름을 맞추면 아이를 데려가지 않겠노라고 약속한다. 신하들은 전국 방방곡곡을 누비면서 모든 난쟁이의 이름을 수집하지만, 정작 그 난쟁이의 이름만을 알아낼 수 없었다. 마지막 날 한 신하가 우연히 숲속의 작은 집에 흘러나오는 노래를 듣게 되었다. 난쟁이는 드디어 왕비로부터 아이를 데려올 수 있다고 생각하자 흥분이 되어 노래를 흥얼거리다가, 그만 자신의 이름을 말해버리고 만다. 그 난쟁이의 이름이 '룸펜슈틸츠헨' Rumpen-stuenzchen 이었다. 마침내 왕비는 난쟁이의 이름을 맞추게 되었고 난장이는 사라졌다. 이름이 없던 것에 이름을 붙이는 순간, 환자에게 걸려 있던 마법은 스르르 사라진다.

이른바 상담사들은 '롬펜슈틸츠헨의 법칙'이라 부르는 효과이다.

자신의 상처에 '말'이라는 옷을 입혀 표현할 수 있다면 '말 못할 괴로움'에서 벗어난다.

지금껏 말하지 못했던 것을 이야기와 생각을 통해 정리하고 구분하는 행위는 감정적인 부담을 현저하게 덜어준다. 자기가 겪었던 힘들었던 트라우마를 말로 표현할 수 있다면 이제 이 상처는 덜 아프고 통제할 수 있는 상처로 변한다.

[연　습]

1) 상처 입은 내면아이의 이름 찾기

▷ **상처 입은 내면아이의 특징**

▷ **상처 입은 내면아이의 이름**

자기 공감

어린 시절 받은 상처가 일으키는 불행을 반복하려는 딜레마를 어떻게 풀 수 있을까? 불행의 반복성은 우리 내면에 깊이 배어 있어서 마치 중독 상태처럼 바꾸기 어렵다. 상처 입은 내면아이의 감정을 인식하기 위해서는 반복되는 불행의 패턴을 똑바로 바라보는 용기가 필요하다. 직면의 대상은 어린 시절 받았거나 또는 성인이 된 후 발생한 상처이다. 여전히 내면 안에서 소화되지 못하고 남아 있는 상처의 감정에 대한 해결은 상처 입은 자신을 존중하려는 자세에서 출발한다. 즉, 현재의 내가 과거의 나를 마음으로 존중하고 수용하는 자세를 의미한다. 상처 입은 내면아이에 대한 자기 인식과 이름 붙이기를 통해 구체적인 변화는 자기 공감의 단계에서 일어난다. 자신 안에 존재하는 상처받은 내면의 어린아이에 대해 자기 공감의 경험을 해야 한다. 어린 시절 상처를 받을 때 무력하고 문제를 해결할 수 있는 아무런 능력이 없었다. 문제의 원인과 대처에 대해 자신을 분석하기만 하는 것이 아닌 상처에 노출되고 버티어야 했던 자기 스스로를 존중하고 수용하도록 한다. 우리는 누군가의 말 보다 스스로가 하는 말에 더 큰 움직임이 일어난다. 힘든 상황 속에서 누군가 나에게 '괜찮아'라고 하는 말이 위로가 되지만 진짜 위로는 자기가 스스로에게 하는 '괜찮아'라는 말이다. 진짜 공감이 되는 말이 자기 자신이 스스로에게 해주는 공감의 말 한 마디이다.

■ 진행과정

1) 상처 입은 내면아이 만나기

❶ 상처 입은 내면아이의 이름이 만들어질 당시의 가족체계를 가족인형으로 세운다.

❷ 내담자에게 자신이 어디에 있는지를 묻는다.

❸ 자신이 이 상황 속에서 느끼는 것을 말하게 한다(설명이 아닌 감정을 표현하게 한다).

❹ 상담자는 내담자를 상징하는 인형만 놔두고 전체 가족인형을 치운다.

❺ 내담자 인형 앞에 현재의 '나'를 상징하는 인형을 세운다.

❻ 현재의 나를 상징하는 인형이 과거의 나를 상징하는 인형을 안아줄 것을 제안한다.

❼ 상담자는 다음의 말을 내담자에게 따라하게 한다.

미안해 너를 무시한 것.

너를 잊으려 하고 수치스러워 한 것 미안해

이제 알게 네가 얼마나 참았는지.

견디어 냈는지를 알게

고마워.

❽ 내담자 스스로 과거의 상처 입은 내면아이에게 말하게 하라.

□ 상담자의 주의 사항

상담자는 내담자가 과거의 나와 현재의 나가 만나는 상황 속에서 내담자의 속도를 따라야 한다. 내담자의 감정표현과 인식의 속도에 보조를 맞추어야 한다. 여기서 가장 중요한 치료적 핵심은 상담자의 내담자에 대한 공감과 존중이 아닌, 내담자 스스로 현재의 나가 과거의 나를 공감하고 존중하는 것이다. 과거의 나는 아무것도 해결할 힘도, 능력도 없던 자신에 대한 존중과 수용을 의미한다.

자기에 대한 관점의 변화

상처 입은 내면아이에 대한 수용과 존중이 일어나면 관점의 변화가 가능하다. 상처 입은 내면아이가 우리의 삶에 가장 큰 영향을 미치는 것은 자신과 세상을 바라보는 눈을 왜곡시킨다는 것이다. 상처 입은 내면아이의 경험은 과거와 현재의 신념 체계, 즉 관점에 큰 영향을 준다. 자신과 주변 환경을 바라보는 시각을 편중되게 만들어 흑백논리의 좁은 시야로 세상을 보게 만든다. 아무런 연관이 없는 일조차도 언제나 과거의 상처의 시각 속에서 바라보기 때문에 상처 입은 내면아이가 우리의 삶에 더 크게 부정적인 작용을 할 수 있게 한다. 우리가 보고 있는 현실은 현실 자체이기 보다 단지 그렇게 보고 있는 것일 뿐이다. 즉, 우리가 보고 있는 시각은 절대적 의미를 갖지 못하며 다른 여러 관점 중에 하나일 뿐이다. 장 피아제는 자신의 관점을 인식하게 되면 그 관점으로부터 해방될 수 있다고 말한다. 자기에 대한 관점의 변화는 기존의 시각을 알아차리는데서 시작하며 자기를 향한 관점이 변화되면 여기서 자존감의 변화를 얻을 수 있다. 예를 들어 어린 시절 외로웠던 사람은 어린 시절의 외로워했던 자신의 모습을 떠 올리기를 싫어한다. 외로움이라는 감정만이 그를 힘들게 하는 것이 아닌 외로울 수밖에 없었던 여기에 무기력했던 자기 자신을 거부하려고 한다. 자기 공감의 경험을 통해 스스로를 존중하고 그의 감정을 수용하게 되면 스스로에 대한 평가가 변화되게 된다. 자기 공감을 통해 처음 '무기력하게 외로울 수밖에 없던 아이'에서 '외로움을 견디고 버틴 아이'로 이름을 바꿀 수 있다. 어린 시절 우리가 상처를 받을 때 대부분 무기력할 수밖에 없었다. 그 아이가 상처를 받을 당시 할 수 있는 최선은 그 상처를 참고 견디고 묵묵히 버티는 것이다. 바로 이 사실을 스스로 인식하고 과거 상처 받았던 자신을 용서하게 된다.

과거의 시간은 현재의 불행과 갈등의 원인이 있는 곳이며 동시에 지금의 나를 비쳐보게 하는 거울이다. 상처 입은 아이가 만들어진 과거로의 여행을 통해 자기의 과거와 현재를 보고 현재의 자신의 모습을 긍정적으로 받아들이게 된다. 우리가 지나간 과거의 시간을 찾아갈 때 상처 입은 내면아이 치료가 우리에게 주는 도움은 단순히 고통의 기억을 없애주거나 부정적인 감정들을 해소해 주는 것이 아니다. 심리학은 우리가 바라보는 시선에 변화를 가져다준다. 고통을 머금고 있는 과거의 기억들을 바꿀 수는 없지만 과거에 새로운 의미를 부여하게 되면 현재 안에서 긍정적인 변화가 일어나게 된다.

■ 진행과정

1) 상처 입은 내면아이 만나기

❶ 현재의 나와 과거의 나를 상징하는 인형을 세운다.

❷ 상처 입은 내면아이를 바라보는 시선의 변화를 찾을 수 있는 지점을 찾는다. 과거의 나에 대한 존중은 시선의 변화를 이끌어낸다.

❸ 상담자는 세워진 인형을 보고 다음과 같은 말을 제안한다.

버티어주어서 고마워

미래의 나에게 기회를 준 것 고마워

이제 너를 수치스러워 않고 존중할게.

내 삶의 일부로 존중할게.

❹ 내담자 자신이 스스로에 대한 관점의 변화를 말하게 한다.

진정한 탐험 여행의 목적은 새로운 풍경을 찾는데 있는 것이 아니라 새로운 시각을 갖는데 있다. <마르셀 프루스트>

관계의 변화

상처 입은 내면아이의 존재를 알아차리고 그의 상처를 존중하고 수용하게 되고 그의 감정을 공감하게 하여 자기를 바라보는 관점의 변화를 일어나게 한다. 그 다음의 변화는 우리의 일상 속에서 구체적인 관계의 변화로 이어지게 하는 변화의 노력이다. 과거에 받은 상처가 다 사라지고 잊히는 것은 아니지만 그것이 어디에서 왔는지 존재를 인식하고 그의 감정을 존중하게 되면 현재와 과거의 분리가 가능해진다. 예를 들어 누군가 불편한 표정을 짓는 것을 보았을 때 자기를 못마땅하게 쳐다보는 것으로 받아들여 괜히 우울하거나 아니면 적개심을 가졌었다. 누군가의 불편한 표정 속에서 늘 못마땅하게 보던 부모의 표정을 무의식적으로 떠올리고 주눅 들거나 화를 내었던 것이다. 이제 자기인식, 감정의 매듭, 이름 붙이기, 자기 공감, 자기에 대한 관점의 변화의 단계를 거쳐 상처 입은 내면아이를 다루고 나면 현재의 문제에서 과거의 상처를 분리하는 것이 가능해진다. 더 이상 누군가의 불편해하는 표정이 무조건적으로 자기와 연결이 되어 어린 시절 느꼈던 부정적 감정들로부터 벗어날 수 있다. 과거의 상처와 그로 인해 발생한 상처 입은 내면아이는 완전히 우리의 인생에서 사라질 수는 없다. 치료 작업 이 후에도 여전히 상처 입은 아이의 부정적 감정이 올라와 오래 되고, 익숙한 통증을 다시 느끼게 된다. 하지만 이전과의 차이는 통증에 사로 잡혀 마음과 생각 그리고 감정이 통증의 고통 자체에 함몰되지 않고 어느 정도 객관적으로 볼 수 있게 된다는 것이다. 이를 통해 우리는 상처 입은 내면아이의 부정적 감정들을 통제할 수 있게 된다. 이제 과거로부터 분리되어 현재 관계에만 집중하게 되며 이것은 자연스럽게 관계 안에서 자신감과 여유를 가져다준다.

■ 진행과정

구체적 관계의 변화를 위한 코칭

❶ 현재의 관계의 변화를 위한 지지를 보낸다. 현재의 나와 과거의 나를 상징하는 인형을 세운다.

❷ 구체적인 일상에서의 변화를 점검한다.

❸ 상담자는 내담자에게 용기를 북돋아주면서 구체적인 변화를 위한 조언을 한다.

5 상처입은 내면아이 인형치료 사례

5. 상처 입은 내면아이 인형치료 사례

1) 연구대상

연구대상자는 18세(여)로 대학 1학년에 재직 중이며, 전문직에 종사하는 아버지와 주부인 어머니, 오빠(대학 4학년) 중에 둘째이다. 아버지는 고학력자이지만 어머니는 아버지에 비해 학력의 차이를 갖고 있다. 부모는 내담자의 어린 시절 심각한 부부갈등이 있었으며 갈등관계 속에서 가정폭력과 폭언도 종종 발생하였다. 내담자는 아버지에게 폭력당한 적은 없지만 어머니가 당하는 것을 지켜보아야 했다. 부모는 연애로 결혼하였으나 심각한 고부갈등을 비롯해서 두 사람 사이의 갈등관계는 심각하였다. 그러나 부모는 별거나 이혼은 하지 안 했고 가정을 지키는 것으로 선택하였다. 내담자가 대학생이 된 지금 부부관계는 놀라울 정도로 좋아졌고 가족 안에서 실제적인 갈등이 발생하지 않고 있다. 그러나 내담자는 언제나 불안하고 무력감과 소외감을 느끼고 있다.

2) 치료경위

내담자는 어린 시절 부모의 심각한 부부싸움을 지켜보아야 했고 종종 가정폭력과 폭언의 상황을 경험하였다. 부부갈등 상황 속에서 건강한 애착을 형성하기 힘들었고 역시 오빠와도 별다른 친밀감을 느끼지 못하였다. 내담자는 언제나 외로움과 수치감을 안고 살고 있다고 호소하였다. 어린 시절 가족 안에서 언제나 외로웠고 부모의 심각한 갈등 속에서 수치감을 언제나 느껴야 했다고 말한다. 대인관계 안에서 친구들을 사귀려고 언제나 애를 썼지만 알 수 없는 외로움에 시달려야 했고 다른 친구들이 자신의 어린 시절의 상처를 알게 될까봐 늘 두렵다고 하였다. 최근에 남자친구를 사귀게 되면서 지난날의 자신의 상처로부터 자유롭게 벗어나서 남자친구와 멋진 인연을 만들고 싶어서 상담을 하게 되었다고 말한다.

3) 사례개요

연구자는 사례분석을 위해 모든 과정을 내담자의 동의하에 녹음 하였으며 또한 매회 상담 속에서 이루어진 인형작업을 사진으로 촬영하였다. 본 사례는 2013년 3월부터 5월까지 실시한 사례로 상담은 11회 진행되었다. 1회 상담에서 3회 상담까지 내담자의 문제 파악과 자신의 문제가 단지 외형적인 문제가 아닌 과거의 가족에서 오고 있다는 인식을 하게 되었다. 4회부터 6회까지 내담자는 내담자의 불안과 외로움의 원천인 가족체계를 직면하게 된다. 이곳에서 과거의 가족 안에서 발생했던 상처 입은 감정을 직면하는 작업을 하게 되었다. 내담자는 과거의 가족체계 속에서 발생했던 상처를 직면하면서 당시 자신의 상처받은 자아인 내면아이를 만나게 되는 작업을 7회부터 9회까지 하게 되었고 이를 통해 과거의 가족 안에서 일어났던 과거의 상처와 현재에도 영향을 미치는 불안과 외로움을 인식하게 되었다. 10회에서 11회까지 종결상담을 통해 내담자가 과거의 상처와 현재의 가족체계를 통합하도록 이끌었다.

4) 사례개념화와 인형치료의 치료적 목표

내담자는 외로움과 불안, 수치심과 죄책감이라는 감정적인 어려움으로 상담을 받으러 왔다. 내담자는 특히 대인관계 속에서 이런 감정들을 느껴야 했기에 더욱 자신에 대한 자존감이 상실된 상태였다. 가족체계는 공간과 시간 속에서 존재한다. 가족들의 활동체계의 모든 공간은 상호작용이며 사회적이다. 가족체계는 공간과 더불어 시간 안에서 존재한다. 그것들은 현재에 존재하고, 그 자신의 과거를 가지고 있으며 그리고 미래를 향해 움직인다. 내담자의 문제는 현재가족체계 속에서 어떤 갈등과 문제를 느끼지 못하지만 내담자는 늘 불편했다. 내담자에게는 두 개의 가족이 존재했다. 현재의 변화되고 기능적인 모습이 된 가족과 함께 과거에 상처와 갈등 속에 놓여 있던 가족이 있다. 내담자가 갖고 있는 외로움과 수치심, 불안, 죄책감은 현재가 아닌 과거에서 오는 것으로 여전히 해소되지 못하고 있던 내담자의 상한 마음을 다루어야 할 필요성이 있었다. 내담자는 가족 안에서 언제나 알 수 없는 외로움과 소속감의 부재를 느끼고 있었고 그러한 이유를 궁금해했다. 내담자를 치료하기 위해 먼저 내담자로 하여금 문제체계를 보는 작업을 하였다. 내담자는 자신의 고통이 단지 현재가 아닌 과거의 시간과 공간에서 오고 있다는 인식을 얻게 되었고 이것을 통해 내담자의 상처를 직면할 수 있는 가능성을 얻게 되었다. 내담자의 혼란스러운 감정과 외로움은 과거에 받은 상처와 해소되지 못한 갈등에서 오고 있다는 인식을 바탕으로 내면아이 작업을 시도하고자 하였다. 치료 목표는 내담자가 과거와 현재를 구분하고 과거의 상처를 현재 속에서 분리시키는 작업이었다. 이를 위해 일주일에 한 시간씩 상담을 실시하기로 하였다. 인형치료를 통한 내담자의 치료적 핵심은 자신의 내면세계와 현재의 외형세계에서 일어나고 있는 감정과 생각들을 인형이라는 상징도구를 통해 표현하도록 하여 해소되지 못한 상처의 감정을 노출시키도록 돕는 것이다. 내담자는 동물인형과 가족인형이라는 두 종류의 인형을 통해 내면에 머물고 있는 상처받은 자아인 내면아이를 직면하고, 상처를 바라보는 관점의 변화를 일으키도록 이끌려고 하였다. 과거의 상처는 해소되기 어렵지만 과거를 바라보는 관점의 변화로 과거의 상처와 현재의 변화된 가족체계를 통합 하도록 진행하였다.

5) 인형치료 과정

제1차 상담

고릴라인 아버지, 양인 어머니, 카밀레온인 오빠, 당황한 표정의 원숭이인 내담자 본인으로 세웠다. 내담자는 가족 안에서 거리감을 느끼고 있으며 가족 누구와도 친밀한 관계와 소통이 어려운 상태에 놓여 있다. 인형치료에서 고릴라는 강한 남성성과 힘을 상

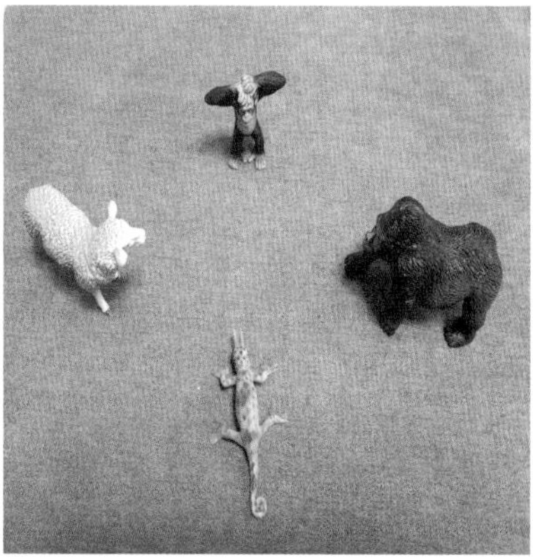

징한다. 여러 여자를 거느리는 존재이기도 하고 가족 안에서 힘을 갖고 있으며 자기의 힘을 지키기 위해 가족들을 공격 할 수 있는 인물이다. 양은 온순하고 착한 존재이지만 부정적으로는 지나치게 약하고 무능하고 무기력한 인물이다. 내담자는 인형을 통해 자신이 느끼고 있는 가족의 모습을 드러내었고 자신이 가족 안에서 외로운 존재이며 지나치게 강한 아버지와 반면에 무기력한 어머니 사이에서 힘들어 하는 내담자의 모습을 공감하고 지지하는 시간을 가졌다.

제 2차 상담

상담사는 내담자가 현재 느끼는 문제체계를 직면하고 문제체계 속에서 내담자가 적응한 역할의 가면 즉 페르소나를 볼 수 있게 인형치료의 '페르소나 찾기' 기법을 수행하였다. 내담자는 스스로 원숭이 뿐 아니라 자신을 나타내는 상징물로 쥐, 고슴도치, 새 등을 표현했다. 쥐는 긍정적으로 지혜로움, 민첩함 등을 상징하지만 '고양이 앞에 쥐'처럼 약하고 무기력한 존재로 자신을 드러내었다. 고슴도치는 적으로부터 자신을 방어하기 위해 잔뜩 몸을 움츠리고 있지만 가족 안에서 종종 위축되어 있으며 외로운 모습을 상징한다. 내담자는 쥐와 고슴도치의 상징물을 통해 가족 안에서 무기력하고 위축되어 있는 자신을 나타내었다. 마지막으로 선택한 새는 내담자의 소망을 표시하였다. 내담자는 이런 가족 환경으로부터 벗어나고 싶어 하는 강한 열망을 드러낸 것이다. 내담자는 인형을 통해 의식 밖으로 자신의 자아상과 페르소나를 끄집어내었으며 이를 통해 자기 자신을 객관적으로 볼 수 있는 기회를 갖게 되었다. 또한 상담사에게 자신의 내면 깊은 곳에 있던 문제를 털어 놓으면서 상담사와 라포를 형성하게 되었다.

제 3차 상담

내담자는 자신의 상처와 문제를 직면하기 위한 전 단계로 자녀 관계체계를 탐색하였다. 카밀레온인 오빠는 공부와 사회생활에서 좋은 평가를 받는 사람이었다. 매사에 잘 적응하고 가족 안에서도 잘 처신해서 부모와 갈등하지 않는 아들이었다. 하지만 내담자는 오빠와 친밀감을 형성하지 못했으며 서로의 아픔과 문제를 소통하지 못하고 서로 외로운 상태로 있었다. 내담자는 매사에 뛰어난 오빠를 부러워하고 질투하였지만 오빠 역시 가족 안에서 외로움이 있었으며 언제나 주변 환경에 몸을 바꾸는 카멜레온의 삶이 결코 편하지 않았다는 사실을 인식하면서 오빠에 대한 연민을 느꼈다.

제 4차 상담

내담자는 다시금 가족을 동물로 세우는 작업을 하였다. 특이하게도 내담자는 첫 회기에 세웠던 가족의 모습에 변화가 왔다. 내담자는 3회의 상담을 통해 자신과 가족을 객관적으로 보는 기회를 얻었으며 이를 통해 문제체계를 스스로 표현할 수 있게 되었다. 여기에 드러

난 가족체계 모습은 현재가 아닌 내담자가 어린 시절 과거의 모습으로, 여기서 아버지와 어머니가 서로 등을 돌리고 갈등하고 있는 모습을 표현하였다. 그리고 이러한 갈등 속에서 자신이 얼마나 무기력하고 외로웠는지를 털어 놓았다. 내담자는 자신이 당황해하는 표정의 원숭이로 자신을 선택한 이유를 설명했으며 자신의 깊은 불안감이 어디에서 올라왔는지를 인식하게 되었다.

제5차 상담

내담자는 과거의 가족 안에서 일어났던 부모의 갈등 상황을 직면하였다. 당시 가족은 언제나 끊임없이 반복되는 부부갈등으로 숨죽여야 했다. 내담자는 과거의 가족을 직면하게 되면서 그 동안 숨겨온 갈등의 실체를 표현하게 되었다. 아버지가 어머니를 밟고 있는 모습을 표현하였고 이를 통해 가족 안에 폭력과 폭언 등 강압적인 상황을 나타내었다. 내담자는 어머니가 아버지에게 폭력과 폭언에 시달릴 때 어머니를 도와 줄 수 없다는 무기력에 시달렸으며 수치심과 죄책감에 빠져들었다. 아버지가 자녀들에게는 폭력과 폭언을 하지 않았지만 내담자는 어머니가 당하는 모습을 통해 커다란 상처를 받게 되었다. 어머니를 보호하지 못하고 아버지의 폭력을 막지 못한 자신을 수치스러워 하였고 스스로에게 비난과 책망을 가했다. 내담자를 오랜 동안 괴롭혀온 수치심, 죄책감이 어디서 시작되었는지를 내담자는 인식하게 되었다. 역기능적인 가족체계 속에서 피해자인 어머니를 내담자는 돌보아야 했고 이를 통해 어머니의 불행한 운명에 스스로를 동일시하였다.

제6차 상담

내담자는 언제나 반복적으로 발생하던 부부갈등의 원인을 스스로 인식하게 되었다. 내담자는 당시 친할머니가 가족 안에 깊숙하게 개입되어 있었던 것을 나타내었다. 할머니는 아버지와 모자공생관계를 형성하고 있었으며 아들을 통해 가족을 통제하려고 하였다. 내담자는 할머니를 거미로 표현하였다. 인형치료 속에서 종종 시어머니나 시누이가 거미로 등장한다. 내담자는 할머니의 존재를 세우게 되면서 아버지가 단순히 가해자의 위치가 아닌 아버지 역시 피해자 일 수 있다는 인식을 하게 된다. 아버지도 어쩔 수 없이 할머니의 지나친 요구에 힘들었고

이것은 자연히 부부 갈등의 주요 원인이 되었다는 것을 말하게 되었다. 어머니만 부부갈등으로 힘들었던 것이 아닌 할머니와도 싸우고 있었다는 것을 보게 되면서 당시 가족 안에는 부부싸움이 아닌 극심한 가족갈등이 발생했었다는 사실을 발견하게 되었다.

제7차 상담

그 동안 내담자가 스스로 자신의 상처를 직면하고 객관적으로 볼 수 있게 하는 작업을 하였고, 이제 가족인형을 통한 치료개입의 단계로 들어갔다. 내담자는 과거 초. 중. 고의 시기에 발생했던 가족 안에서 받았던 상처를 직면하게 되었고 여기서 해소되지 못한 상처 입은 감정을 치유하게 된다. 상처받은 자아를 상징하는 내면아이를 만나게 되었다. 내담자의 내면아이는 일상 속에서 쉽게 과거의 상처로 인해 덧날 수 있었다. 내담자가 느끼는 많은 갈등의 핵심에는 과거의 상처 받은 자아가 있다. 지나치게 예민하거나 불안해하고 미처 해소되지 못한 스트레스는 공격성으로 드러나고 '전이행동'으로 과거의 상처를 반복할 수 있다. 내담자는 가족인형으로 어린 시절의 자신을 세우고 자신을 객관적으로 관찰하면서 과거의 상처를 분리시키는 작업을 하게 되었다.

제8차 상담

내담자는 어머니와 아버지 인형과 자기의 인형을 마주보게 하였다. 두 사람은 서로를 마주하고 이야기하게 하였다. "숙희(가명)

야 나는 엄마(아빠)란다. 숙희야 미안해. 너를 힘들게 한 것, 널 수치스럽게 한 것, 널 돌봐주지 못한 것 미안하다. 숙희야 이 모든 것은 너 때문이 아니야. 모든 것이 엄마 아빠의 몫이었다. 너의 책임이 아니야. 이제 너는 단지 딸의 자리로 돌아가기를 바란다." 내담자는 어머니, 아버지와 직면하고 가족관계 안에 존재하는 질서를 세우게 되었다. 가족 안에는 분명한 위계질서가 존재하며 가족의 위기로 질서가 무너지게 되었을 때 자녀는 과도한 책임감과 죄책감에 시달리게 된다. 상담을 통해 내담자는 자녀의 자리에 머물게 되며 자녀인 자신이 당시 부모의 문제를 해결할 수 없었다는 현실을 인식하게 되었다. 인형치료는 모든 가족구성원이 자신의 '올바른'자리를 갖게 되는 질서를 찾는 것을 해결로 여긴다(최광현, 선우현2016). 내담자는 자신의 올바른 자리인 딸의 자리에서 새롭게 가족관계를 재구조화하게 된다. 이런 작업은 내담자로 하여금 편안함과 자유로움을 가져다주게 된다.

제 9차 상담

내담자는 과거의 문제체계를 직면하게 되면서 자신의 올바른 자리를 얻게 되었다. 헬링어(2001)는 한 개인이 가족 안에서 겪는 문제, 삶에서 경험하는 고통의 문제를 다루고자 할 때 가장 우선적으로 부정적인 삶의 패턴의 뿌리라고 할 수 있는 가족 안에 발생한 트라우마를 다루어야 한다고 말하였다. 내담자는 내면아이 작업을 통해 과거의 상처를 직면하고 해결할 수 있는 가능성을 얻게 되었다. 상처가 발생했던 시점의 가족들을 만나게 되면서 상처에 대한 과거와 현재의 기억을 통합하게 된다. 이제 내담자는 가족인형을 통해 자신의 세 가지 모습을 직면하게 된다. 유아기, 사춘기, 대학 1학년인 자신의 모습을 보게 되면서 과거의 상처를 이제 흘려보낼 수 있는 용기를 얻게 된다. 내담자는 자신에게 다음과 같은 말을 들려준다. "숙희야 많이 외롭고 아팠지. 모든 것이 다 내 책임인 줄 알고 스스로를 많이 수치스러워했지. 숙희야 고맙다. 많이 힘들었지만 너는 참고, 견디어 내어 지금의 나에게 모든 것을 회복하고 치유할 수 있는 기회를 주었어. 미래의 나에게 기회를 준 것 고맙다." 내담자는 과거의 상처 받고 무기력한 자신이 수치스러운 존재가 아닌 참고 견디어 내어 미래의 자신에게 회복할 수 있는 기회를 주게 된 것에 감사하는 시간을 가졌다. 이런 작업을 통해 내담자는 과거의 자신을 바라보는 관점의 변화, 즉 '의미전환'을 경험하게 되었다. 이제 자신을 바라보는 관점의 변화를 통해 새로운 긍정적인 자아상의 형성이 가능해졌다.

제10차 상담

내담자는 종결 상담에서 가족인형을 통해 현재의 모습을 세웠다. 가족 모두가 서로를 바라보고 있으며 따뜻함과 친밀감이 느껴진다. 내담자의 가족은 과거 한 시점 속에서 극심한 갈등과 상처를 주고받았었다. 그러나 지금 많이 변했고 서로를 친밀감을 갖고 바라보는 가족으로의 변화를 일으켰다. 가족들은 힘든 시간을 버티어냈고 오늘의 행복을 만들어내었다. 분명히 상처는 있었지만 갈등을 극복하고 변화되었다. 과거에서 오는 막연한 불안감과 상처의 감정에 휩쓸려 우울하기보다 현재 가족이 이루어낸 가능성과 회복의 힘을 보기로 결심하였다.

제11차 상담

상담을 종결하면서 내담자에게 앞으로 소망하는 자신의 자아상을 표시하는 상징을 선택하도록 하였다. 내담자는 자신을 수탉으로 선택하였다. 수탉은 당당함과 힘을 상징하는 것으로 약하지만 결코 약하지 않은 존재이다. 내담자는 수탉의 자신감을 갖고 싶다고 하였다. 상담사는 내담자의 자원과 내담자의 가족이 이루어낸 놀라운 변화를 지지해주면서 상담을 종결했다.

6) 사례고찰

(1) 상처 입은 내면아이가 발생하는 어린 시절의 가족관계

우리는 가족 안에서 태어나, 그 가족 안에서 자라고, 새로운 가족을 형성하며 죽음으로써 가족을 떠난다. 헬링어(2002)는 어린 시절 안에서 발생한 트라우마가 현재가족 문제에 가장 중요한 원인이라고 말한다. 어린 시절의 가족관계는 개인이 신체적, 심리적, 그리고 정서적인 소속감을 가지는 곳으로 어린 시절의 대부분을 보낸 가족이며 결혼을 통해 새로운 가족을 형성하기 이전까지 사회적, 심리적, 정서적 소속감을 가져온 곳이다. 한 개인은 어린 시절의 가족관계 안에서 관계유형과 의사소통방식을 형성하며, 이것은 대인관계와 새로운 가족관계 속에서 깊은 영향을 미친다(Schlippe, 1995). 보웬(Bowen, 1978)은 현가족의 문제가 어린 시절의 가족관계의 경험과 깊이 연결되어 있다고 말하였다. 사티어(Satir, 1975)는 부부를 가족의 건축가라고 하였다. 가족의 건축가인 두 사람에게는 어린 시절의 가족관계의 영향이라는 각자의 청사진을 갖고 있다. 어린 시절 가족관계 안에서의 경험은 성인이 되어 부부가 되고 부모가 되었을 때 상호작용하는 방식의 청사진으로 작용한다. 부부는 서로 다른 환경에서 자라온 두 남녀가 결혼을 통해 이전 가족으로부터 분리되어 생활을 함께한다. 부부는 결혼생활의 상호작용을 통해 새로운 가족의 규칙과 관계 패턴을 형성하게 되는데, 이러한 과정에서 어린 시절의 가족관계의 경험은 부부관계에 중요한 영향을 미치게 된다. 내담자의 가족은 과거의 가족과 현재의 가족 사이에 커다란 차이를 보였다. 현재의 가족체계가 기능적이었음에도 불구하고 내담자는 현재의 가족 안에서 과거의 경험에서 올라온 감정들을 만나야 했다. 어린 시절의 가족관계 경험은 내담자에게 의사소통의 방법과 관계유형, 자녀의 역할, 부모의 역할에 대한 기대감, 가족구성원들 간의 친밀감의 표현방식, 가족의 내부적, 외부적 스트레스에 대한 대처방식, 갈등의 대응 방법 등, 다양한 영역에서 영향을 받았다(Schlippe, 1995). 담(Dahm, 2009)은 과거의 상처가 현재의 삶에 중요한 영향을 미치지만 과거라 부르는 것은 고정되고 변하지 않는 것이 아니라 유동적이라고 말한다. 과거는 현재를 통해서 변형 가능한 것으로 과거가 현재를 결정하는 것이 아닌 현재가 과거를 결정할 수 있는 것이다. 트라우마를 경험하게 되면 우리가 세상과 사람들을 바라보는 관점이 지나치게 자기중심적이며 부정적으로 변하거나 좁아진다. 불신으로 가득한 눈으로 세상을 바라보고 불안한 세상으로부터 스스로를 보호하고자 왜곡된 관점을 더욱 견고하게 구축하기 시작한다. 그러면 그럴수록 더욱 자신은 점점 고립되고 가족들과 친구들로부터도 격리 되어 혼자가 된다. 심리학이 여기서 도움을 줄 수 있는 부분은 고통의 기억을 없애주거나, 끔직한 부정적 감정들을 해소시켜주는 것이 아니다. 바로 트라우마를 바라보는 관점의 변화이다. 회피하지 않고 사실을 제대로 보는 것, 사고의 틀을 바꾸어 다른 시각을 통해 자기의 상처를 바라보는 것에서 회복은 시작될 수 있다. 독일의 정신분석가인 로흐(Loch)는 정신분석적 담론의 핵심은 문제와 갈등에 대해 새로운 관점을 창안하려는 노력이라고 말하였다(Sachsse, & Oezkan, & Streeck & Fischer, 2004). 자기 인생에 불행과 고통을 가져다준 상처를 바라보는 관점의 변화를 일으킬 수 있는 것은 자기의 불행에 의미를 발견함으로써 가능하다. 즉, 한 번 고정된 관점은 잘 변하려 하지 않기에 억지로 바꾸려고 애를 쓰기보다 불행의 의미를 전환시키려는 것이 회복의 출발이다. 내담자는 과거의 가족을 바라보는 관점 바꾸기 (perspective-taking)를 통해 불행에 대한 의미의 전환과 상처를 바라보는 새로운 시선을 얻게 된다(최광현, 2008). 상처의 궁극적 도달지점은 상처를 해결하는 것이 아닌 성장하는 것이다. 본인의 의지와는 상관없이 억지로 상처를 받았지만 그것에 대응하는 과정 속에서 뜻하지 않던 소중한 가치들을 얻게 된다. 내담자는 과거 자체가 자신을 힘들게 한 것이 아닌, 그 과거와 관계를 맺는 방법이라는 것을 인식하게 되었다.

(2) 상처 입은 내면아이를 통한 감정의 회복

브래드쇼(2004)는 상처 입은 내면아이 치료에서 감정의 회복을 중요한 치료적 과제라고 말한다. 어린 시절에 '아직 미처 해결하지 못했던 감정'을 걷어낼 수 있도록 돕는데 초점이 맞추어 있다. 따라서 브래드쇼(2003)는 감정의 회복을 위해 어린 시절 발전적이고 의존적인 욕구들이 거절된 것을 슬퍼할 수 있도록 하여 감정의 상처를 치유하도록 하였다. 사례에서 내담자의 핵심 감정은 수치심과 죄책감이었다. 수치심은 자아가 무가치하거나, 손상당했거나, 쓸모없다는 느낌이다. 죄책감은 자신이 쓸모없고 무가치한 존재라고 느끼도록 만든다(Aron, 2010). 현재의 삶 속에서 여전히 과거의 상처 입은 감정들에 휩싸이는 내담자는 게슈탈트 심리학적으로, '열린 게슈탈트'가 생성되어 지속적으로 불안과 수치심을 만들어 내었던 것이다. 그 결과 내담자는 여전히 갈등과 아픔이 난무하는 가족환경 속에서 살고 있다고 착각하게 되고 이런 환경 속에서 살아남을 자신감을 잃어버렸었다. 감정의 회복을 통해 내담자는 '닫힌 게슈탈트'를 경험해야 했다. 즉 과거를 끝난 일이나 해결된 문제로 인식하도록 만들어야 했다(Perls, 1988). 내담자는 '지금-여기' 안에서 과거의 감정들을 현재 속에서 만나게 된다. 내면 아이에게 말을 거는 것은 객관적으로 자기를 보며 내 안에 어떠한 감정과 욕구가 있는지 인식하면서 자신의 감정을 공감하기 위한 행동이다. 내면 아이와의 대화를 위해 당시 자기를 표현할 수 있는 인형을 선택하게 하였고 묻고 과거의 상처받은 아이가 대답을 하게 하였다. 이런 과정을 통해 상담사는 내담자의 트라우마가 발생했던 당시의 내면아이의 상처를 어루만져 주고 해결되지 못한 욕구와 감정을 있는 그대로 공감하게 하였다. 내담자는 과거의 상처에 압도당했고 고통스러운 행동을 반복하게 하는 과거의 상처를 만나게 되었다. 이 과정 속에서 자신이 얼마나 상처 받았고, 외롭고, 수치스러웠는지를 표현하게 되면서 '감정의 매듭'을 상담자를 통해 경험하게 되었다. 상처 입은 감정에 압도되어 부정적인 감정만을 스스로에게 허용하던 내담자는 여전히 아프지만 상처 입은 감정을 처리한다는 것이 무슨 의미인지를 자각하게 되었다.

(3) 상처 입은 내면아이와 자신의 자아를 찾기

바르데츠키(2013)는 과거의 상처가 우리에게 미치는 가장 큰 후유증은 자존감의 상실이며 상처는 자존감을 약화시키고 정체성의 혼란과 불안을 느끼게 만든다고 말한다. 자존감은 자신이 사랑받을 가치가 있는 소중한 존재라고 믿는 마음이다. 사례의 청소년 내담자는 수치심, 죄책감, 분노, 우울, 무기력 등으로 무장된 자존감의 손상을 입고 스스로 고통에 빠져 있었다. 내담자가 현재의 삶 속에서 기능적인 삶을 살기 위해 삶을 단단히 지탱해 주는 자존감을 회복하여 자기 자신과 당당하게 관계를 맺어야 한다. 내담자는 자존감의 손상을 입고 더 이상 상처받지 않고, 사랑받고 인정받기 위해 만들어내는 것이 '거짓자아'이다. 내담자는 착한 딸이어야 했고, 어머니의 고통을 덜어주어야 하는 딸이고, 아버지의 강압적인 행동을 막아야할 딸이었다. 이러한 '거짓자아'는 내담자의 자존감을 갉아먹었고 자신의 본질을 잃어버리고 부정적인 감정들 속에서 고통 받고 있었다. 그린(Gruen, 2006)은 과거의 상처의 경험인 '삶의 흔적' 속에 우리 참된 자아의 본질이 나타난다고 말하였다. 우리가 안고 있는 과거의 상처 속에는 자기 자신의 가장 진실 된 본질을 찾아낼 수 있는 가능성이 숨어 있다. 우리의 진실된 자아의 가장 깊은 비밀은, 가족과 부모와의 관계가 어떠했는지, 그리고 거기에서 치유할 수 있는 것은 무엇이었고 고통스러운 것은 무엇이었으며 우리를 아프게 했던 것은 무엇이었는지를 의식적으로 인지할 경우에 파악할 수 있다고 말한다. 내담자는 자신의 과거의 상처를 직시하게 될 용기를 얻게 됨으로써 가족과 부모가 내담자에게 함께 전해 준 긍정적인 부분들을 찾아낼 수 있었다. 가족과 부모는 상처만 준 것이 아닌 다른 많은 긍정적인 요소도

주었기 때문이다. 내담자는 아버지의 강압적이고 어머니를 힘들게 했던 행동에는 할머니가 있었다는 인식을 통해 아버지에 대한 작은 시선의 변화를 얻게 되었다. 가해자-피해자의 도식이 아닌 전체적인 시각을 통해 가족을 보게 되었고 자신이 갖고 있던 '거짓자아'가 의미가 없다는 것을 발견하게 되었다. 그린(2006)은 상처를 뚫고 내부 더 깊숙이 들어가게 되면 내재된 자아의 본질을 발견하게 된다고 말한다. 내담자는 그 동안 가족 안에서 받았던 상처에만 매달리지 않고 그 상처 뒤에 있는 진정한 자아를 바라볼 수 있는 용기를 얻게 된다. 자녀인 내담자가 부부, 고부갈등을 해결할 수 없었다는 사실을 받아들이게 되고 자신의 가족이 불행한 시간을 가졌지만 그것을 극복했다는 사실을 비로소 인식하게 되었다. 내담자는 현실을 수용하고 받아들이게 됨으로써 새로운 자아상을 형성하게 되어 자존감을 회복할 수 있는 기회를 얻게 된다. 피퍼(Pieper, 2014)는 과거의 상처치료에서 가장 중요한 단계가 과거의 상처를 수용하고 받아들이는 것이라고 말한다. 일어난 일을 이해하고 받아들이는 자세를 통해 자신의 지난날의 무기력을 인정하고 자신의 한계성을 받아들이게 된다. 예기치 않던 상처로부터 자신이 할 수 있었던 것이 없었으며 상처를 받아들이는 것뿐임을 인지하게 되는 것이다. 내담자는 치료과정을 통해 자신의 무력감과 한계성을 인정하게 됨으로써 그 동안 내담자를 괴롭힌 수치심, 죄책감, 불안, 두려움의 감정들을 다룰 수 있게 되었다. 시륄니크(Cyrulnik, 2006)은 어린 시절의 트라우마가 복원력을 통해 회복될 수 있다고 한다. 트라우마를 어떻게 받아들이고 소화해 내느냐가 훨씬 더 중요하다는 것이다. 이제 내담자는 마음에 '쏟아진 옷장'을 정리할 수 있는 힘을 얻게 되었다.

(4) 과거 상처를 치유하기 위한 인형치료의 치료적 관계

정신분석가인 스컷(Scott, 2012)은 어린 시절의 상처는 자기 자신을 언제나 못살게 괴롭히는 신경증 환자가 되게 하거나, 자기 이외의 사람들을 모두 못살게 괴롭히는 성격장애자들이 되게 만든다고 말한다. 이런 성격장애를 갖게 된 것을 코헛(Kohut, 1984)에 의하면 공감의 결핍이라 말한다. 어린 시절 충분한 공감의 경험이 부족하였던 아이들이 이기적이고 삐뚤어진 성격을 갖게 된다는 것이다. 한 사람에게서 성격장애를 진달 할 수 있는 중요한 단서는 공감능력이다. 우리가 나와 다른 방식으로 생각하고, 느끼고, 판단하는 사람들과 함께 살아갈 수 있는 능력은 공감의 능력 덕분이다. 인형치료의 기본전제 중 하나는 내담자의 고통이 트라우마의 경험 그 자체이기 보다는 발생한 트라우마에 대해 어떤 공감도 받지 못했던 절망과 슬픔이라는 것이다. 내담자는 과거 가족 안에서 상처 받고 있을 때 가족 중 누구도 내담자의 감정을 공감해주지 못했다. 내담자가 자신의 상처를 무의식적으로 해결하려고 행동하려는 동기에는 자기 상처에 대한 깊은 공감을 받고 싶어 하는 충동이 있다. 따라서 내담자의 상처를 다루는데 있어 공감은 대단히 중요한 주제였다. 인형의 상징도구를 통해 내담자와 만나지만 둘 사이의 관계는 언제나 공감적인 관계를 유지하기 위해 애를 써야 했다.

프로이트(1942)는 어린 시절의 상처가 일생 동안 반복된다는 상처의 반복성을 발견하였고 과거의 상처가 치료되기 위한 전제로 내담자가 얼마나 안심할 수 있는 환경을 제공하는가에 달렸다고 보았다. 즉 '안전한 치료적 환경'이 내담자가 자신의 상처를 드러내고 해소되지 못한 욕구들을 직면하기 위한 전제라는 것이다. 브래드쇼(2004)는 상처 입은 내면아이 치료에서 '새로운 부모의 역할'을 제안한다. 상담자는 내담자에게 새로운 부모의 역할을 수행함을 통해 상처 받은 내면아이의 치료가 이루어진다고 보았다. 브래드쇼가 말하는 '새로운 부모의 역할'과 프로이트가 말하는 '안전한 치료적 환경'이 서로 일맥상통하는 개념이다. 즉 공감적 치료관계를 의미한다. 상담사와 내담자가 형성하게 된 공감적 치료관계는 내담자가 안전하게 자기의 아픔 상처를 직면하게 하는 원동력이다. 로저스(Rogers, 1961)는 누군가가 자신의 말을 성의껏 들어 준다는 것을 알게 되면 당장 눈가가 촉촉해진다고 말한다. 그것은 기쁨의 눈물이고 자신의 감정과 입장을 알아준다는 사실에 대한 감사라고 말한다. 내담자는 공감적 관계를 통해 자기존중과 수용의 힘을 얻게 되었다. 브래드쇼(Bradshaw, 2004)는 이런 공감적 치료관계를 통해 비로소 내담자가 이제 자기 스스로의 힘으로 자신의 내면아이를 돌보고 치료할 수 있는 '돕는 자'가 될 수 있다고 말한다. 치료과정 속에서 접하게 된 상담자의 역할을 이제 내담자가 자기 자신에게 수행하게 되는 단계이다. 내담자 자신이 자신의 내면아이를 치료하고 회복할 최고의 치료사인 셈이다. 과거의 상처의 문제는 단지 상처만을 다루는 작업이 아니다. 상처의 치료를 통해 내담자가 한 단계 자신을 긍정하고 수용하게 되며 결과적으로 자기 스스로 스트레스와 갈등을 극복할 수 있는 존재가 되는 것이다.

에필로그

내면아이의 개념은 많은 심리학자와 치료모델들을 통해 정리된 개념이다. 그 동안 우리는 인형치료를 통해 상처 입은 내면아이의 문제로부터 벗어나는 과정을 살펴보았다.

『나를 사랑하는 법』에서 엔도 슈사쿠는 자신이 갖고 있는 약점에 대해 스스로 열등감을 느낄 수 있는 사람이야말로 인간다운 것이라고 말한다. 대부분의 사람들은 자기 열등감에 시달리고 자신감을 잃어버린 채 살아간다. 지나치게 의기소침해지거나 애써 사람들 앞에서 자신이 강한 것처럼 행동하는 것을 통해 자신감의 상실을 드러낸다. 엔도 슈사쿠 자신도 오랫동안 열등감에 시달리면서 조금씩 자신감의 상실에 대처하는 법을 배우게 되었다고 말한다. 그것은 그 자신이 가진 나약함과 한계를 받아들이는 것이며 그렇게 되면 다른 사람들의 눈을 지나치게 의식하거나 허영이나 허세를 부리거나 강해 보이는 행동을 할 필요가 없어지게 된다는 것이다. 자신의 약점을 받아들이고 실수를 범하거나 잘못된 결정을 내렸던 자신을 너무 탓하지 않고 지난 일에 대한 후회에 빠지지 않기 위해 필요한 것은 자기용서이다.

상처 입은 내면아이를 위한 인형치료 역시 내담자에게 제안하는 치료과정을 한마디로 표현한다면 자기용서일 수 있다. 이제 청소년이 되고, 어른이 되어서도 어릴 적 자신의 고통을 대했던 방식으로 상처를 대하는 사람들에게 필요한 것은 자기를 용서하는 것이다. 내면아이를 위한 인형치료를 통해 상처 입었던 과거의 자신을 수용하고 존중하기 위한 치료과정을 제안하였다. 이러한 노력들이 내면아이를 위한 인형치료 모델이 치료현장에서 의미 있는 치료적 가능성으로 활용되며 그리고 상처를 돌보고 극복하고자하는 사람들에게 도움이 되길 바란다.

참고문헌

오제은, (2005). 커플관계 치료에 있어서 어린 시절의 상처치료의 중요성: 이마고 커플관계치료와 내면아이치료 모델을 중심으로. 상담학연구, 6 (3), 1055-1070.
오제은, (2009). 내면아이 치료와 주요 인물들과의 관계 재구성 경험의 해석학적 연구: 실존주의적 관점에서의 논의. 상담학연구, 10 (3), 1305-1325.
이부영, (2015). 분석심리학 이야기. 서울: 집문당.
최광현, (2008). 가족세우기 치료. 서울: 학지사.
최광현, (2012). 가족의 두 얼굴. 서울: 부키.
최광현, 선우현, (2016). 인형치료: 상징체계의 활용. 서울: 학지사.
최광현, (2013). 가정 내 성폭력(근친상간) 피해 청소년 내담자에 대한 인형치료 사례 연구. 한국청소년시설환경학회, 11 (4), 29-39.
선우현, (2007). 청소년 내담자와의 상담관계 형성을 위한 게임놀이치료 적용에 관한 연구.
한국청소년시설환경학회지, 5(4), 54-62.
Allen, J. G. (2010). 트라우마의 치유. 서울: 학지사.
Aron, E. N. (2010). 고빛샘 역, 사랑받을 권리. 서울: 웅진지식하우스.
Wardetzki, B. (2013). 두행숙 역, 너는 나에게 상처를 줄 수 없다. 서울: 걷는나무.
Bensky, R. D. (1989). 인형예술의 재발견. 김청자 역, 서울: 대원사.
Bauer, J. (2006). 이승은 역, 몸의 기억. 서울: 이지북.
Boszormenyi-Nagy, I., Grunebaum, J., Ulich, D. (1991). Contextual Therapy in Handbook of Family Therapy : Vol II Ed. by Alan S. Gruman and David P. Knisern. New York : Brunner/

Mazel, Publishers.
Bowen, M. (1976). Theory in the practice of psychotherapy. In P. J. Guerin(Ed), Family therapy. New York: Gardner Press.
Bowen, M. (1978). On the differentiation of self. Family Therapy in Clinical Practice. New York: Jason Aronson.
Bradshaw, J. (2003). 김홍찬, 고영주 역, 수치심의 치유. 서울: 사단법인 한국기독교상담연구원.
Bradshaw, J. (2004). 오제은 역, 상처받은 내면아이치유. 서울: 학지사.
Chopich E. J. & Paul, M. (2011). 이세진 역, 내 안의 어린아이. 서울: 교양인.
Cyrulnik, B. (2006). Warum die Liebe Wundenheilt. Weinheim: Beltz.
Dahm, U. (2009). 문은숙 역, 어린 시절 상처가 나에게 말한다. 서울: 펼침.
Edward, E. F. (2016). 심상영 역, 융 심리학과 영혼의 과학. 서울: 한국심층심리연구소.
Eustache, F. (2009). 우리의 기억은 왜 그토록 불안정할까. 서울: 알마.
Franz, von M. R. (2013). 윤원철 역, 시간이란. 서울: 평단.
Franz, von M. R. (2017). 홍숙기 역, 영원한 소년과 창조성. 서울: 한국융연구원.
Freud, G. (2010). 홍혜경 역, 정신분석 강의. 서울: 열린책들.
Girard, R. (2007). 김진식 역. 희생양. 서울: 민음사.
Freud, S. (1942). Zur Psychopathologie des Alltagslebens. GW V. London: Imago.
Gruen, A. & Robben, M. M. (2006). Finde deine Lebensspur.

Freiburg: Verlag Herder.
Harris, T. A. (1967). I'm OK - You're OK: A practical guide to transactional Analysis. New York: Haper & Row.
Hellinger, B. (1996). Finden, was wirkt: Therapeutische Briefe, München.
Hellinger, B. (1995). Familienstellen mit Kranken. Dokumentation eines Kurses für Kranke, begleitende Psychotherapeuten und Ärzte. Heidelberg.
Hellinger, B. (1994). Ordnungen der Liebe. Heidelberg: Carl-Auer-Systeme Verlag.
Hellinger, B. (1999). Wie Liebe gelingt. Heidelberg: Carl-Auer-Systeme Verlag.
Hellinger, B. (2001). Der Austausch. Heidelberg: Carl-Auer-Systeme Verlag.
Hellinger, B. (2002). Zweierlei Glück, Konzept und Praxis der systemischen Psychotherapie. München: Wilhelm Goldman Verlag.
Jung, C. C. (1966). The Practice of Psychotherapy. Princeton University Press, CW16' pars. 378-379.
Jung, C. G. (1996). 이윤기 역, 인간과 상징. 서울: 열린책들.
Jung, C. G. (2007). 한국융연구원C. G. 융 저작 번역위원회역, 인격과 전이. 융 기본 전집 vol. 3. 서울: 솔.
Jung, C. G. (2018). 정명진 역, 꿈의 분석. 서울: 부글북스
Kast, V. (1994). Vater-Toechter Mutter-Soeehne. Stuttgart: Verlag Kreuz.
Kohut, H. (1984). How does analysis cure? University of Chicago

Press.
Konrad, S. (2013). Das Bleibt in der Familie. Muenchen: Piper Verlag.
Markowitsch, H. J. (2009). Dem Gedaechtnis auf der Spur. Wissenschaftl. Buchgesell.
Missildine, W. H. (2006). 이석규 , 이종범역, 몸에 밴 어린 시절 서울: 가톨릭출판사
Nasio, J. D. (2018). 임말희 역, 100년의 힐링 파워: 정신분석은 치유다. 서울: 눈 출판사.
Nasio, J. D. (2015). 김주열 역, 무의식은 반복이다! 서울: 눈 출판사.
Nuber, U. (2010). 김하락 역, 심리학이 어린 시절을 말하다. 서울: 랜덤하우스.
Paul, M. (2013). 정은아 역, 내면아이의 상처 치유하기. 서울: 소울메이트.
Perls, F. S. (1988). Gestalt Therapie Verbatim. Koesel: Klett Kotta.
Piaget, J. (1954). The Construction of reality in the Child. New York: Basic Books.
Pieper, G. (2014). Ueberleben oder Scheitern. Wihelm Goldmann Verlag. Muenchen.
Pillari, V. (2007). 임춘희 , 김향은 역 , 가족희생양이 된 자녀의 심리와 상담. 서울: 학지사.
Pillari, V. (1986). Pathways to family myths. New York: Brunner/Mazel.
Robertson, R. (2012). 이광자 역, 융의 원형. 서울: 집문당.
Rogers, C. R. (1961). On becoming a person. Boston: Hough-

ton Mifflin Company.
Ruppert, F. (2007). Bindung und Familenstellen. Stuttgart: Klett-Cotta.
Sachsse, U. & Oezkan, I. & Streeck – Fischer, A. (2004). Traumatherapie. Goettingen: Vandenhoeck & Ruprecht.
Satir, V. (1975). Selbstwert und Kommunikation. Stuttgart: Krett-Cotta.
Schlippe, A. v. (1995). Familientherapie im Überblick. Paderborn.
Scott, P. (2012). 최미양, 조성훈 역, 아직도 가야할 길. 서울: 율리시즈.
Sedlacek, T. & Tanzer, O. (2015). Lillith und Daemonen des Kapitals: Die Oekonomie und Freuds Couch. Muechen: Carl Hanser Veralg.
Sellin, R. (2016) Selbsthilfe bei seelischen Verletzungen. Muenchen: Koesel Verlag.
Stevenson L. & Haberman, D. H. (2006). 박중서 역, 인간의 본성에 관한 10가지 이론. 서울: 갈라파고스.
Stewart, I. (2000). 우재현 역, 교류분석 개인상담. 대구: 정암서원.
Tolle, E. (2010). Jetzt-Die Kraft der Gegenwart. Kamphausen Verlag.
Thuan, T. X. (2018). 이재형 역, 마우나케아의 어떤 밤. 서울: 파우제.
Whitfield, C. L. (2007). 김용교, 이인출 역, 잃어버린 자아의 발견과 치유. 서울: 글샘.